인생 굿즈의 탄생

인생굿즈의탄생

Goods

내가 만든 캐릭터 굿즈로 판매까지 합니다

최길수 지음

21세기북스

나를 위한 캐릭터 굿즈를 만들어보세요

누구나 할 수 있어요

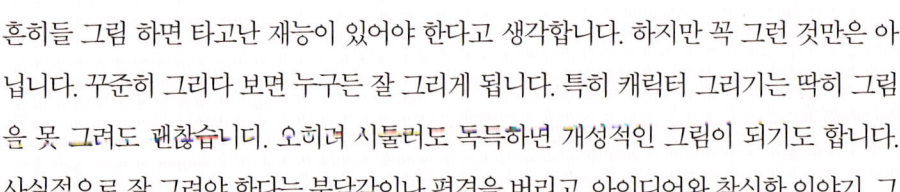

흔히들 그림 하면 타고난 재능이 있어야 한다고 생각합니다. 하지만 꼭 그런 것만은 아닙니다. 꾸준히 그리다 보면 누구든 잘 그리게 됩니다. 특히 캐릭터 그리기는 딱히 그림을 못 그려도 괜찮습니다. 오히려 시툴러도 독특하면 개성적인 그림이 되기도 합니다. 사실적으로 잘 그려야 한다는 부담감이나 편견을 버리고, 아이디어와 참신한 이야기, 그리고 싶은 대상만 있다면 누구에게나 창작의 문은 열려 있습니다.

저는 나만의 호감 만점 인생 캐릭터를 만들어 인생의 긍정적 메시지와 행복을 담아왔습니다. 클라이언트와 협업하거나 굿즈로 만들어 판매하기도 했습니다. 처음부터 거창한 목표를 세우고 캐릭터를 시작한 것은 아닙니다. 그림을 그리면 기분이 좋아지니까, 그리고 나만의 이야기를 담은 그림을 그려보고 싶으니까, 하는 가벼운 마음으로 시작했습니다. 부담감이나 압박이 없으니 처음 그 마음 그대로 꾸준히 그릴 수 있었고, 그러다 보니 내 이야기를 담은 인생 캐릭터를 만날 수 있었습니다.

캐릭터 작가는 누구나 될 수 있습니다. 자기만의 이야기와 호감 가는 소재를 찾는다면 캐릭터를 그릴 수 있습니다. 또한 그림 그리기와 캐릭터는 환상적인 조합입니다. 나만의 캐릭터만 있다면 꾸준히 그림을 그릴 수 있기 때문입니다.

나만의 캐릭터를 만들어 활동하는 작가를 보며 마냥 부러워하기보다 직접 도전해보면 어떨까요? 나만의 캐릭터를 어떻게 찾을 수 있는지, 어떻게 하면 캐릭터를 통해 수익을 창출할 수 있는지 궁금한 점이 많을 텐데요. 이 책은 처음 그림을 배우는 이들, 나만의 그림을 배우고 싶고, 나만의 캐릭터를 만들어 캐릭터 굿즈로 수익 창출을 하고 싶은 이들에게 조금이나마 도움이 되었으면 하는 마음에 그동안 경험하고 느꼈던 실용적인 이야기를 솔직담백하게 담았습니다. 처음 그림 여행을 떠나는 이들에게 목적지까지 웃는 얼굴이 되도록 이 책이 쉽고 친절한 길잡이가 되었으면 합니다.

퍼스널 브랜딩에 효과적

저는 '긍정 인생'이라는 가족 캐릭터와 '유유자적', '돼라! 돼라! 잘돼라!' 돼랑이 캐릭터를 사용해 늘 밝고 긍정적으로 생각하는 '나'를 보여주었습니다. 그림일기를 쓰듯 꾸준히 캐릭터에 이야기를 담아 작업해서 올렸더니 사람들이 나의 캐릭터와 그림에 반응하기 시작했습니다. '천천히 꾸준히' 그림을 그리고, 저만의 이야기로 SNS(Social Network Service)에 노출했더니 그에 대한 반응이 공감과 댓글로 돌아왔습니다. 점점 위로와 힐링을 주는 인기 있는 캐릭터와 그림이 되었습니다. 꾸준히 저의 캐릭터에 진심 어린 이야기를 가득 담아 사람들과 소통했습니다.

캐릭터가 있으면 자신의 SNS에 공유하며 적극적으로 소통할 수 있습니다. 요즘은 1인 미디어를 통해 자기만의 영향력을 가진 사람들이 많이 늘어났습니다. 이때 필요한 것이 퍼스널 브랜딩인데 여기에 캐릭터가 중요한 역할을 합니다. 캐릭터를 활용해 자신의 아이덴티티를 일관되게 널리 알릴 수 있습니다.

저는 아트 업체나 기업과 협업을 통한 판매, 일러스트·캐릭터 페어, 그라폴리오, SNS 등 다양한 창작 플랫폼에 꾸준히 노출하고 연재하여 캐릭터의 인지도를 올리고 친밀감을 쌓아나갔습니다.

나만의 개성 있는 이야기를 담아낸 캐릭터는 다양한 플랫폼과 매체에서 수많은 사람들과 교감해 생각지도 못한 여러 일을 일으켰습니다. 다양한 사람들과 소통을 통해 자체적으로 경쟁력이 만들어지고, 입소문이 나면서 차츰 캐릭터의 인지도와 친밀감이 높아졌습니다. 작업물이 알려지면서 수익이 창출되고 내가 원하는 흥미로운 일들을 할 수 있었습니다.

이렇듯 나만의 이야기를 담아낸 창작 캐릭터는 자신의 인지도와 친밀감을 높이는 가장 좋은 홍보 수단이 될 수 있습니다.

작은 위로가 되기도 하고 경제적인 도움이 되기도 하고

이 책을 보고 그림 그리기에 도전하는 분들이 더 많아지면 좋겠습니다. 꼭 전문적인 작가가 아니어도 좋습니다. 캐릭터를 제작하는 데는 시간적·공간적 제약이 없어 디지털 프로그램과 아이디어만 있다면 누구나 쉽게 만들 수 있습니다. 공부나 일을 하면서도 자투리 시간을 활용해 캐릭터를 제작할 수 있어요.

내가 좋아하는 캐릭터를 손수 만드는 즐거움은 지친 일상에 커다란 위로가 됩니다. 지인과 친구들에게 선물할 수도 있습니다. 캐릭터 굿즈로 일상에 활력을 줄 수 있을 뿐만 아니라 판매하여 수익을 창출할 수도 있습니다.

이 책에는 호감 가는 소재와 캐릭터 그리기, 다양한 굿즈 제작 과정뿐만 아니라 홍보와 판매하는 방법까지 자세히 나와 있습니다.

캐릭터 관련 시장의 확대

'굿즈'의 사전적 의미는 제품입니다. 상품, 제품이라는 뜻의 영어 'goods'에서 유래했지만, '굿즈 마케팅'에서의 '굿즈'는 단순한 제품의 의미가 아닌 특정 브랜드나 인물의 팬(fan)을 대상으로 하여 디자인한 상품을 의미합니다. 한마디로 머천다이즈(MD)와 같은 의미를 지니고 있습니다.

캐릭터와 스토리텔링이 어우러진 굿즈는 친근하고 신선한 매력으로 브랜드와의 장벽을 쉽게 허물어줍니다. 또한 실용성을 더한 굿즈는 일상 속에서 자연스럽게 브랜드 인지도를 높여줍니다. 이에 따라 굿즈 소비가 젊은 층 사이에서 '가치 소비'의 문화 놀이로 자리 잡았으며, '디자인 굿즈'를 활용한 마케팅이 더욱더 활발하게 진행되고 있습니다.

아이들의 전유물이었던 캐릭터에 이젠 어른들까지 열광합니다. '키덜트'라는 용어와 함께 동심을 자극한 이모티콘 및 굿즈 캐릭터들이 일상을 파고들었습니다. 시장에서 인기 있는 캐릭터는 개성으로 무장한 브랜드로 성장해 본업으로 삼아도 될 만큼의 수익을 내기도 합니다. 캐릭터 플래그십스토어(flagship store)에 사람들의 발길이 이어지고 어른들까지 지갑을 열고 있습니다. 캐릭터 관련 시장이 점점 확대되면서 개인 창작 시장의 플랫폼도 진화하고 있습니다.

좋아하는 캐릭터를 찾는 첫걸음은 나를 아는 것

이 책은 나만의 캐릭터를 만들기 위해 내가 호감을 느끼는 소재를 찾는 데서부터 시작합니다. 그다음 캐릭터 그리는 기본기를 다진 후 디지털 프로그램으로 나만의 캐릭터를 구체화하고, 캐릭터를 활용한 다양한 굿즈 만들기 과정을 보여줍니다. 마지막으로 홍보와 판매하는 방법까지 일목요연하게 설명해 창작의 내비게이션이라고 할 수 있습니다. 이 작업을 통해 무엇보다 진정한 나를 알아가는 소중한 시간이 될 수 있습니다.

이 책이 캐릭터와 제2의 수익 창출에 관심 있는 일반인은 물론 나만의 창의적인 캐릭터와 아이덴티티를 찾기 위해 고군분투하는 작가 지망생에게도 도움이 되길 바라며, 모두가 이 책에 소개된 다양한 방법을 꾸준히 익혀서 한층 더 성장한 자신을 발견하길 응원합니다.

책을 준비하고 탈고하는 과정에서 소중하고 값진 경험을 했습니다. 항상 저를 응원하고 창작의 영감이 되어주는 아내이자 문화예술전문위원인 홍수자 작가와 가족, 언제나 그림을 좋아해주고 조언해주는 지인분들께 감사의 마음을 전합니다. 무엇보다 책 출간의 기회와 멋진 책을 만들어준 21세기북스 출판사와 세종사이버대학교 출판저술 관계자분들, 굿즈 사진 촬영에 적극적으로 협조해주신 양파벌레 스튜디오 윤찬희 대표님께 감사드립니다.

2021년 가을,
작업실에서

 Contents  Goods

PART 1 내가 좋아하는 캐릭터 만들기

PART 2 나만의 캐릭터로 발전시키기

PART 3 디지털 페인팅하기

나만의 캐릭터는 어떻게 찾을까?

✚ 나만의 캐릭터란?

캐릭터는 우리의 삶과 떼려야 뗄 수 없을 만큼 가까이 있습니다. 어렸을 때 겨울에 첫눈이 내리면, 친구들 혹은 가족들과 함께 눈사람을 만들곤 했을 텐데요. 눈사람도 하나의 캐릭터라 할 수 있습니다. 눈을 사람으로 의인화해 상징적으로 표현한 거죠. 이렇게 일상생활에서 캐릭터는 우리와 함께합니다. 예를 들어 크리스마스의 산타, 루돌프나 할로윈의 호박 등 기념일 캐릭터부터 만화 속 주인공인 헬로키티, 뽀로로까지 다양합니다. 이렇게 캐릭터는 누군가에게 추억과 꿈, 행복을 주는 동시에 마음을 움직이는 하나의 매개체입니다.

어릴 때 처음 만난 캐릭터처럼 소비가 아닌 생산의 주체로서 나만의 캐릭터를 만들어

올빼미를 활용한 캐릭터 디자인

좋아하는 캐릭터를 활용한 굿즈 디자인

보면 어떨까요? 이 책을 통해 세상에 단 하나밖에 없는 캐릭터를 만들어보세요. 나 자신을 알고, 내가 좋아하는 소재를 찾는다면 캐릭터를 쉽게 만들 수 있습니다. 호감 가는 소재를 그리다 보면 원하는 그림을 그릴 수 있습니다.

저는 호랑이와 가족, 돼지, 올빼미 등 자연 소재를 무척이나 좋아합니다. 호감 가는 소재로 다양하고 재미있는 이야기를 짓고 그림을 그립니다. 일상의 소재로 캐릭터, 카툰, 아트 작품 등을 만들고, 개성 있는 그림을 그리려고 노력합니다. 지금 나만의 캐릭터가 없다면 이 책을 통해 만들어보세요. 또한 동물, 나의 자화상, 상상의 이미지 등 다양한 표현방법으로 누구라도 매력적인 나만의 캐릭터를 만들 수 있습니다.

✛ 나만의 캐릭터를 찾는 방법
① 나의 모습과 성격에서 캐릭터 찾기
내 생각과 기분을 전달해줄 수 있는 나만의 캐릭터를 만들어보세요. 자화상을 상징화해 캐릭터를 만드는 것도 좋은 방법입니다.

나의 자화상, '긍정이' 캐릭터

● 아래 질문을 던져가며 남과 다른 내 모습을 찾아보세요.

• 내 모습의 전체적인 특징은?

• 내 성격은?

• 지금 내 기분은?

• 나는 무엇을 할 때 즐거워하나?

• 언제 가장 행복한가?

● 나는 누구일까요? 나 자신에 관해 솔직하게 적어보세요.

(나이, 성격, 취미, 직업, 자주 하는 대화, 대인관계, 외모, 헤어스타일 등)

● 타인이 보는 나는 어떤 사람인가요?

(별명, 성격, 말투, 행동 등)

② 내가 좋아하는 소재에서 캐릭터 찾기

나만의 캐릭터가 꼭 사람일 필요는 없습니다. 우리 일상 주변의 친근한 소재를 가지고
도 얼마든지 호감 만점 캐릭터를 만들 수 있답니다. 호랑이, 부엉이 등 동물이나 재미있
는 일상 소재를 찾아 표현해볼 수도 있어요.

● 내가 좋아하는 것들은? 반려동물, 음식, 동물, 꽃, 영화, 일상 속에서 내가 경험하고 좋아했
   던 것들을 끄집어내 표현해보세요.

내가 좋아하는 캐릭터

③ 일상 속 소재에서 캐릭터 이야기 찾기

평소 그리고 싶고 관심 가는 소재에 대한 자료를 모아두면 소재를 찾는 데 도움이 됩니

일상 속에서 가을날의 단풍 촬영, 나만의 캐릭터와 이야기로 표현한 휴대폰 케이스

다. 스마트폰이나 컴퓨터, 잡지, 책 등에서 자신이 좋아하는 이미지를 찾아두었다가 그립니다.

꾸준히 그림을 그리는 가장 좋은 방법은 내가 좋아하는 소재로 이야기를 만들면서 하나씩 그리는 것입니다. 그와 관련된 책, 영화, 갤러리, 디자인 및 아트페어 등 많은 것을 보고 느끼며 수집을 통해 그려나가는 겁니다. 내가 좋아하는 소재를 선정해 꾸준히 그려나가다 보면 콘텐츠가 쌓여 어느 순간 그 분야의 전문가 수준으로 발돋움할 수 있습니다.

아무리 찾아도 마땅한 소재가 없다면 당장 눈앞에 있는 것을 그려도 됩니다. 지금 내 눈앞의 일상적인 소재를 갖고 한번 표현해보세요. 별 볼 일 없는 소재라도 내가 의미를 부여하고 추억을 심어놓으면 그림의 소재가 되고, 이전과는 다른 관점에서 대상을 볼 수 있습니다. 관찰의 시작이죠. 잘 그려야 한다는 부담감은 내려놓고 내가 좋아서 그린다는 생각으로 주변에 있는 사소한 것들부터 그려나가 보세요.

✤ 나만의 캐릭터 탄생

나의 모습(성격)과 ②번, ③번 과정을 통해 내가 좋아하는 것을 찾았다면 이를 조합하여 친근하고 재미있는 캐릭터를 만듭니다. 나를 가장 잘 대변해줄 수 있는 소재에 나의 모습(성격)을 입혀 캐릭터로 발전시키는 겁니다. 세상에 단 하나밖에 없는 나만의 캐릭터가 탄생합니다.

전혀 연관성 없어 보이는 것을 조합했을 때 창조적인 캐릭터가 나올 수 있습니다. 다양한 조합을 시도하면서 나만의 캐릭터를 그려보세요. 저는 새로운 캐릭터를 만들거나 변화를 줄 때 사용하기 위해 평소 떠오른 생각을 메모하거나 스케치해둡니다. 사진을 찍어 필요할 때 활용하기도 합니다. 아래처럼 내 모습이나 성격에 자신이 좋아하는 것들을 조합해보세요. 멋진 나만의 캐릭터가 탄생할 겁니다.

나의 모습(성격)은?

+

내가 좋아하는 동물은?

내가 좋아하는 식물은?

내가 좋아하는 꽃은?

내가 좋아하는 음식은?

내가 좋아하는 만화 캐릭터는?

내가 좋아하는 물건은?

긍정적인 생각 + 가족 = '긍정 인생' 가족 캐릭터

음악 + 호랑이 + 돼지코 = '유유자적' 돼랑이 캐릭터

✚ '마인드맵'을 활용해 캐릭터 찾기

'마인드맵'으로 나의 호감 만점 캐릭터를 만드는 것도 한 방법입니다. 캐릭터로 그릴 대상(사람, 동물, 일상의 물건)을 찾고 싶다면 일단 내 마음속 지도인 '마인드맵'을 그려보세요. 마인드맵은 마음속에 지도를 그리듯이 줄거리를 이해하며 정리하는 방법이어서 '생각의 지도'라 불리기도 합니다.

나의 모습, 성격, 내가 무엇을 좋아하는지, 행복했던 추억, 소중한 것 등 생각나는 대로 써보세요. 꼬리에 꼬리를 물듯 마음껏 글로 그려보는 겁니다. 내가 무엇을 좋아하고 어떤 생각으로 살아가고 있는지를 알 수 있어요. 생각을 구체화하고 색다른 아이디어나 내가 그리고 싶은 소재를 도출해내는 데 도움이 됩니다.

마인드맵이 완성되면 나만의 캐릭터로 만들고 싶은 단어가 눈에 들어옵니다. 그 단어를 선택해 시각화합니다. 내가 좋아하는 캐릭터를 만드는 데 실마리가 됩니다.

저는 마인드맵을 통해 가족, 호랑이, 여행, 자연, 긍정의 단어를 선택했습니다. 이 단어를 가지고 시각화했습니다.

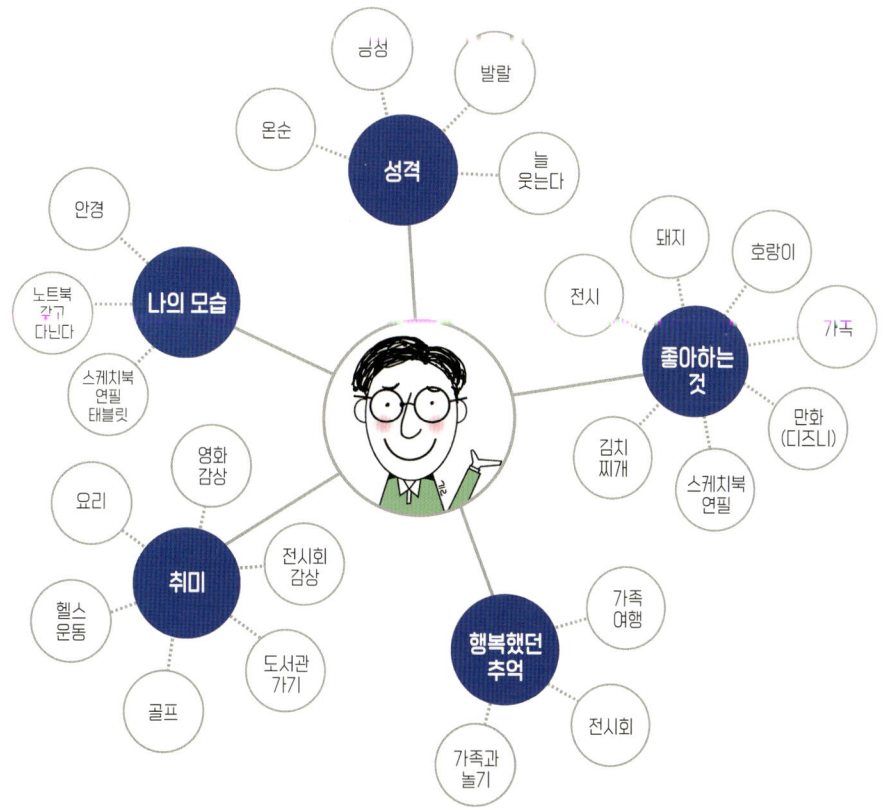

최길수 작가의 마인드맵

 마인드맵

창의적으로 시각화하는 방법인 마인드맵은 1971년 토니 부잔이 창시했습니다. 마인드맵은 중심 단어를 놓고 자신이 알고 있거나 연상되는 단어들을 나뭇가지처럼 파생되는 모양으로 그려나가면서 생각과 아이디어를 도출하고 시각화하는 방법입니다. 이미지와 색상, 좌뇌와 우뇌 동시 사용, 시각적 형태와 그림으로 도출해 개념을 조직화하는 데 효과적입니다.

이제 캐릭터로 시각화할 수 있는 소재를 찾았다면, 좀 더 재미있고 차별화할 수 있는 캐릭터를 만들기 위해 더 좁혀가며 세밀하게 찾아보세요.

■ 마인드맵 방법

1. 색연필이나 컬러 펜 세트를 준비한다.
2. 적당한 크기의 백지를 가로로 길게 놓는다.
3. 마인드맵을 할 주제, 문제 또는 대상을 정한다.
4. 자료나 정보를 모은다.
5. 백지 한가운데에 한 단어나 하나의 이미지로 중심 이미지를 표현한다.
6. 중심어에 관한 생각을 적고 선으로 연결한다.

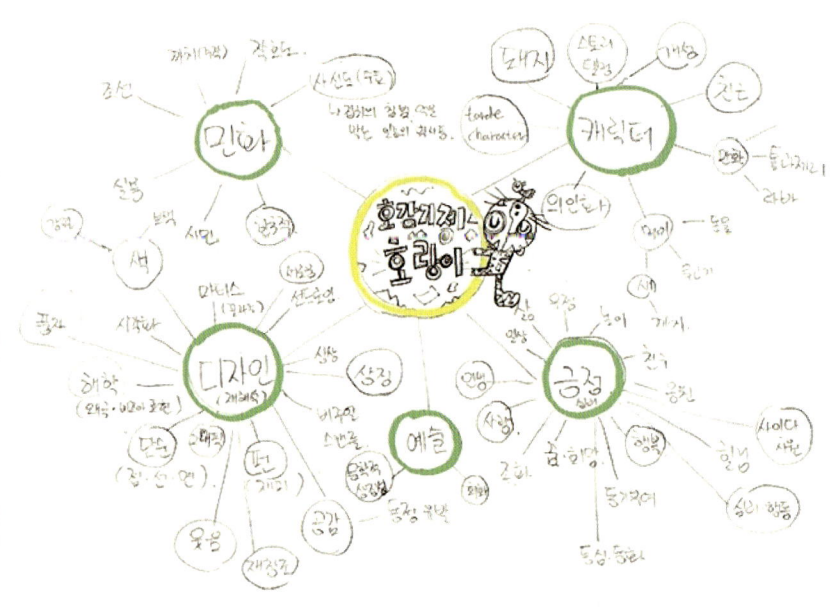

좋아하는 호랑이를 중심어로 한 마인드맵

■ 호랑이 캐릭터로 발전시키기 위한 마인드맵

중심어를 찾은 후 한 번 더 구체화합니다. 저는 7가지 중심어로 호랑이를 다시 한 번 마인드맵 하여 재미있는 아이디어를 도출하려고 합니다.

저는 호랑이와 돼지를 좋아해서 둘의 특징을 찾아서 마인드맵을 만들었습니다. '돼라! 돼라! 잘돼라! 돼랑이'라는 이름을 지었고, '유유자적'을 좋아하고, 늘 '긍정 마인드'로 뭐든 할 수 있는 캐릭터로 의미화했습니다.

① 중심어 선정

마인드맵으로 중심어 선정한 후 캐릭터로 구체화하기

② 스케치북에 드로잉하기

Designed by Artist CHOI KIL SOO

호랑이를 활용한 드로잉 스케치

③ 특징적인 모습을 골라 나만의 캐릭터로 시각화

특징적인 모습 담아 스타일 찾기: 호랑이 + 돼지코 + 음악 = '돼랑이'

클래식, 음악   스포츠, 골프

혼자 놀기   노래, 노래방

나의 이야기 입히기

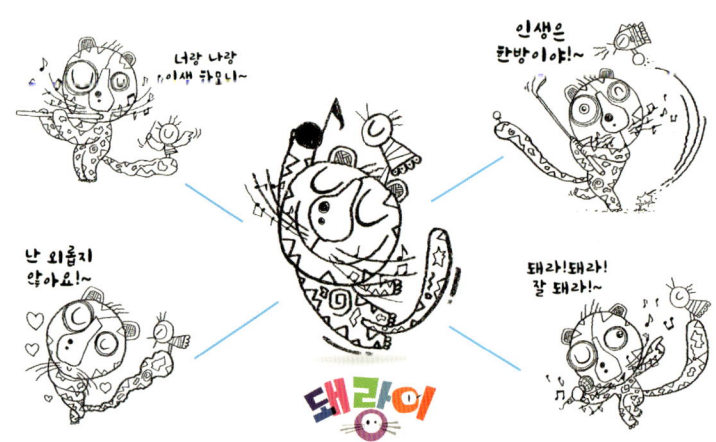

나의 일상 모습을 적용해 다양한 응용 동작 구성하기

■ **나를 중심어로 두고 마인드맵을 그려보세요**

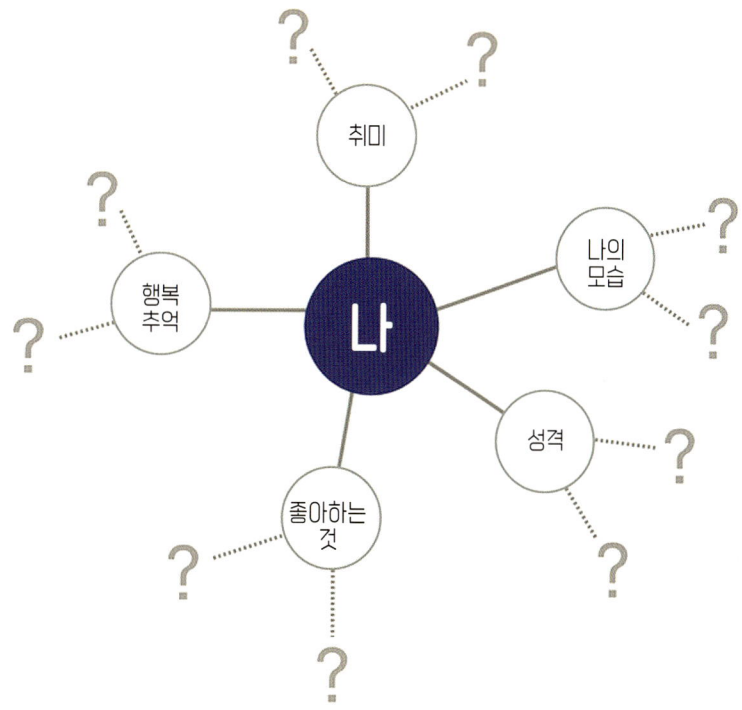

■ **호감을 느끼는 소재를 가지고 자신의 모습(성격)을 시각화해보세요**

호감 가는 동물 캐릭터 만들기

✤ 귀엽고 친숙한 동물 캐릭터

나 자신, 동물, 식물, 주변의 모든 소재를 캐릭터로 활용할 수 있습니다. 특히 동물을 활용한 캐릭터는 인기가 많습니다. 동물은 사람보다 친숙하고, 귀엽고, 개성이 넘치며, 특징적인 모습이 더 강해 수월하게 그릴 수 있는 장점이 있습니다.

예를 들어 귀여운 나의 반려견으로 캐릭터를 만든다면, 반려견을 키우는 사람들에게 관심과 흥미를 끌 수 있겠죠? 굿즈를 만들어 판매까지 한다면, 더더욱 구매로 이어질 가능성이 큽니다. 게다가 만화처럼 의인화한 동물 캐릭터는 다른 사람과 쉽게 소통할 수 있는 매개체가 되고 흥미를 유발할 수 있는 장점도 있습니다. 동물 캐릭터로 다른 사람들과 소통하며 공감과 위로를 줄 수도 있습니다. 나만의 캐릭터를 만들어 이야기를 더하고 소품과 부소재를 곁들이면 재미있는 캐릭터가 완성됩니다. 나만의 동물 캐릭터에 도전해보세요.

좋아하는 호랑이를 활용한 캐릭터, 봄에 취한 돼랑이

✤ 동물 캐릭터 그리기 1단계: 캐릭터 단순화 및 생략하기

황소는 피카소가 좋아한 동물입니다. 그의 그림에는 황소가 자주 등장합니다. 실제 황소를 꾸준히 관찰해 상징적으로 표현했습니다. 단순화 과정을 잘 보여주는 예입니다. 피카소는 복잡한 황소를 단계적으로 생략해가면서 단순화의 극치로 '본질'만 남겼습니다.

피카소의 황소 그림처럼 대상을 있는 그대로 묘사하지 않고 단순함과 생략, 변형을 하는 것은 모든 시각예술의 기본 요소입니다. 이와 마찬가지로, 캐릭터도 시각적인 재미와 흥미를 주면서도 얼마나 메시지를 잘 전달하느냐가 핵심이라 할 수 있습니다.

캐릭터 표현의 핵심은 단순화와 상징화입니다. 대상의 특징만 남기고, 나머지는 단순화와 생략을 통해 개성을 드러내야 합니다. 저는 주로 7가지 방법을 사용합니다. 관찰과 탐구, 큰 덩어리로 보기, 단순화, 강조와 과장, 생략, 변형, 조합 등 7가지만 알아도 누구나 재미있고 쉽게 나만의 캐릭터를 만들 수가 있습니다.

캐릭터를 최대한 단순하게 그리는 이유는 뭘까요? 사람들에게 더 쉽게 의미를 전달하고 공감을 얻기 위함입니다. 또한 단순한 캐릭터는 재미와 흥미를 유발하고 감성적인 느낌을 더하기 때문입니다. 한번 해볼까요?

호랑이의 본질(특징)을 남기고 과감하게 생략해 시각화

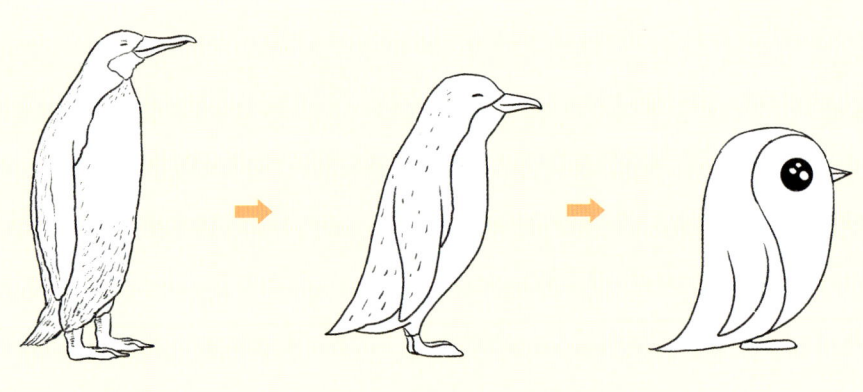

펭귄을 단순화시켜 캐릭터화하는 과정

호랑이를 단순화시켜 개성을 담아내는 과정

토끼를 단순화시켜 시각화한 과정

① 관찰하고 탐구하기

관찰은 '자세히 보는 것'이 아닌 그 대상만이 가진 특징, '남다른 무엇'을 찾는 일입니다. 관찰하고 그리는 과정에서 관찰력과 집중력이 향상되며, 생각하는 힘을 길러줍니다. 한번 알아볼까요? 자신이 좋아하는 동물의 사진이나 자료를 준비해 본연의 이미지와 비슷하게 그려봅니다. 관찰하고 드로잉하는 것은 단순히 보는 것을 넘어 동물의 특징을 조금 더 이해하는 데 도움이 됩니다.

② 큰 덩어리로 보기

대상을 큰 덩어리로 보고, 동그라미, 세모, 네모 등 도형에 가까운 모습으로 그려냅니다. 복잡하고, 사실적인 모습에서 특징만 남기고 조금씩 조금씩 단순화합니다. 눈, 코, 입, 몸통 등을 좀 더 다듬습니다.

③ 단순화하기

대상의 특성만 살리고 꼭 필요한 요소만 남긴 후 나머지는 과감하게 생략합니다. 어떤 선을 남기고 지워야 하는지 판단하기가 어렵지만 이와 관련된 동물 캐릭터와 자료들을 보고 따라 연습하다 보면 자연히 알게 됩니다.

④ 강조와 과장하기

토끼의 눈을 코와 입보다 더 강조해서 좀 더 귀여운 인상을 만들었습니다. 왼쪽 캐릭터는 슬픔을 강조하기 위해 눈에서 눈물이 폭포수처럼 쏟아지는 모습을 표현, 만화적인 느낌을 담아냈습니다.

전체 형태 중 어느 한 부분에 힘을 주어 과장하거나 강조함으로써 강렬한 인상을 주는 방법입니다. 시각적인 재미를 강조하고 싶은 캐릭터에선 강력한 힘을 발휘할 수 있습니다. 강조는 형태의 크기, 선의 굵기, 컬러, 재질감 등으로 다양하게 표현할 수 있습니다. 예를 들어 음악에서 악센트로 단조로운 리듬을 더욱 풍성하게 만드는 것처럼 그림 형태에서도 강조를 통해 특징적이고 상징적인 메시지를 전달할 수 있습니다.

⑤ 생략하기

놀란 표정을 더욱 극대화하기 위해 눈동자를 생략했습니다. 고유한 형태에서 특징만 남기고 나머지 선, 컬러, 모양 등을 생략합니다. 생략이 너무 과하면 못 알아볼 수노 있으니 적절히 조절해야 합니다. 예를 들어, 얼룩말의 무늬를 생략해버리면 얼룩말이 아닌 일반 말이 되어버리겠죠?

⑥ 변형하기

토끼의 귀를 하트 모양으로 변형해 재미를 주었습니다. 적절히 변형하면 단조로움과 지루함을 피할 수 있습니다. 원형에서 크게 벗어나지 않게 해야 해요. 너무 과한 변형은 메시지 전달에 어려움이 있으니 적절하게 변형합니다. 예를 들어 파란 하늘을 분홍색 하늘로 표현하고, 돼지코를 형태가 비슷한 단추로 그리는 것처럼 약간 낯설게 하여 재미를 주는 방법입니다.

⑦ 조합하기

모양이 유사한 토끼의 귀와 당근을 조합해 재미있는 모습을 만들었습니다. 색다른 조합을 통해 새로운 이미지를 만드는 방법입니다. 일명 '비주얼 스캔들'이라고 부르는데요. 현실적으로 존재할 수 없는 시각적 이미지를 통해 흥미를 불러일으킵니다. 제가 아이디어를 낼 때 주로 많이 쓰는 방법입니다. 쉽게 얘기하자면 A이미지 + B이미지의 합성 = C이미지(새로운 메시지 전달)가 나오는 것이지요.

먼저 사실적으로 그려보는 훈련을 한 다음에 단순화와 생략의 과정을 통해 사물의 특징을 다르게 보고, 해석하는 연습을 해보세요. 사물의 특징을 잘 살리면서도 독특한 형태와 감각을 표현했는지가 중요합니다. 흥미 유발과 시선을 집중시키는 역할을 합니다.

1단계 | 캐릭터 단순화 및 생략하기 실습

① 관찰하고 탐구하기

② 큰 덩어리로 보기

③ 단순화하기

④ 생략, 변형, 강조, 조합하기

✛ 동물 캐릭터 그리기 2단계: 특징 살려 얼굴 그리기

① 얼굴 그리기

돼라! 돼라! 잘돼라! '돼랑이' 얼굴 그리기

- 호랑이 특징인 수염과 코를 단순화함.
- 매서운 눈보다는 저의 실제 성격과 모습을 반영해 어눌한 표정을 담아냄.
- 호랑이 무늬는 최대한 단순화시켜 도형화함.

초긍정 캐릭터, '오키토키' 얼굴 그리기

- 토끼의 특징인 귀를 당근 모양으로 시각화함.
- 눈은 긍정을 초월했다는 느낌으로 형태와 색상을 달리 표현함.
- 피카소 큐비즘(입체주의) 기법을 활용해 하나의 얼굴에 두 얼굴이 보이는 느낌처럼 또 다른 자아가 있다는 것을 보여줌.

반려동물을 좋아한다면 반려동물을 단순화해 캐릭터 얼굴을 만들 수 있고, 과일 중 사과를 좋아한다면 나만의 이야기를 입혀 재미있는 사과 캐릭터 얼굴을 만들 수 있답니다.

비주얼 스캔들을 활용하면 더욱더 재밌는 얼굴이 나올 수도 있어요. 호랑이 캐릭터도 돼지코와 호랑이를 합쳐서 만들었답니다. 좀 더 차별화된 아이덴티티 캐릭터를 만들 수 있겠죠. 내가 좋아하는 것은 무엇인지, 어떠한 소재로 캐릭터를 만들지 곰곰이 생각하면서 시각화해보세요.

② 눈

눈 모양은 각 동물의 특징을 살려 그립니다. 눈동자의 움직임과 생략, 과장을 통해 좀 더 개성 있고, 섬세한 표정을 만들 수 있습니다. 캐릭터에 재미를 주어 더욱 돋보이게 합니다. 눈만으로도 캐릭터의 감성과 개성을 충분히 담아낼 수 있습니다.

눈 크기와 모양에 따라 달라지는 표정

눈동자 위치에 따라 달라지는 표정

눈썹의 크기와 굵기, 위치에 따라 달라지는 표정

③ 코, 입

과장, 변형, 생략을 통해 시선을 끌 수 있습니다. 코와 입의 위치나 모양에 따라 표정이
달라집니다. 상황과 주제에 맞게 생략합니다. 캐릭터 특징에 맞게 마음 가는 대로 그려
보세요.

눈과 입 사이의 간격이 좁을수록 귀엽고, 어린 느낌을 준다

코와 입의 위치와 모양에 따라 다양한 표정을 만들 수 있다

2단계 | 특징 살려 얼굴 그리기 실습

① 좋아하는 동물에 나를 반영해 재미있는 얼굴 그리기

② 스케치하기

✤ 동물 캐릭터 그리기 3단계: 개성을 입히고 의인화하기

캐릭터를 만들 때 중요한 기법이 의인화입니다. 동물, 식물, 사물 등을 사람에 견주어 생명과 성격을 부여하는 것을 말합니다. 예를 들어 컵에 눈과 입을 그려 '한잔의 행복'이라는 느낌이 있는 얼굴을 표현했습니다. 컵이 웃고 있어도 전혀 어색하지 않죠? 의인화는 캐릭터에 생명을 불어넣어 친근한 느낌을 줍니다. 개성을 입히는 것이지요.

　제가 좋아하는 캐릭터 중 하나인 올빼미를 의인화해보겠습니다. 일단 자료조사는 해야겠죠? 검색하다 보니 부엉이와 올빼미의 차이점을 발견했습니다. 귀 모양이 있는 새가 부엉이고요, 없는 새가 올빼미랍니다. 알고 있었나요? 자료조사가 끝났다면 재미있게 그려줍니다. 올빼미의 특징을 잘 잡아 그려내는 것이 중요합니다. 그런 다음 친근하게 의인화합니다. 아래처럼 추억 속의 나를 생각하며 올빼미가 쇼핑백과 오뎅을 들고 떠이가는 친근한 모습으로 그려봅니다.

Main Characters

① 돼랑이 캐릭터

네발 달린 호랑이를 두 발로 세운 돼랑이에 일상의 소재를 더해 의인화하여 봄나들이하는 상황을 표현했습니다.

돼랑이는 커피와 꽃을 좋아해요!

② 오키토끼 캐릭터

토끼를 통해 초긍정 캐릭터를 만들어보았습니다. 사랑을 원하는 모습이나 배가 고파 당근주스를 만들어 먹는 모습 등을 표현했습니다.

나, 배고파!~

3단계 | 개성을 입히고 의인화하기 실습

① 내가 좋아하는 네발 달린 동물을 사람처럼 그리기

② 눈, 코, 입을 그려 웃는 표정, 슬픈 표정, 화난 표정 그리기

③ 캐릭터를 의인화해보고, 표정 등 그려 넣기

④ 소품으로 재미있는 상황 연출하기

예) 호랑이와 까치, 토끼와 당근 등 이야기를 만들 수 있는 소품을 찾아 연출하기

캐릭터 비율 디자인하는 법

✤ 몸길이에 따라 다른 느낌

캐릭터의 얼굴을 어느 정도 완성했다면 몸을 그릴 단계입니다. 몸의 길이에 따라 캐릭터는 다른 느낌을 준답니다. 예를 들어 몸의 길이가 얼굴 길이와 비슷하면 아기처럼 귀엽고 사랑스럽습니다. 몸길이가 얼굴 길이보다 길면 어른스러워 보입니다. 자기가 만든 캐릭터에게 어울리는 비율은 무엇일지 찾아보세요.

인기 있는 굿즈 캐릭터들은 보통 얼굴 길이와 몸길이의 비율이 같습니다. 2등신, 2.5등신, 3등신 정도의 캐릭터들이 사랑을 받습니다. 귀여움과 개성 있는 굿즈 캐릭터를 만들고 싶다면 염두에 두고 작업해주세요.

✤ 굿즈 캐릭터에 좋은 비율

등신 비율이 낮아질수록 귀여움이 배가됩니다. 아래는 굿즈 캐릭터를 만들 때 가장 좋은 비율이라 할 수 있습니다.

2등신: 머리와 몸의 길이가 같게 일대일로 그려줍니다. 좀 더 귀엽고 친근한 캐릭터를 만들기에 좋습니다.

2.5등신: 2등신만큼 아담하고 귀여운 캐릭터로 그릴 수 있습니다.

3등신: 머리, 몸, 다리가 1:1:1 비율로 균형적이라 할 수 있습니다. 관절을 그려주면 응용 동작을 재미있게 표현할 수 있습니다.

'긍정 인생' 가족 캐릭터의 비율

'돼랑이' 캐릭터 비율

'오키토끼' 캐릭터 비율

원을 그리면서 비율을 맞춘다

✤ 비율을 정하기 전 주의할 점

비율을 정하기 전에 캐릭터의 방향성을 정해야 합니다. 귀엽고 친근한 이미지로 갈지, 개성 있거나 예술적으로 갈지 정한 후 비율을 결정합니다. 눈, 코, 입의 위치나 비율, 얼굴과 몸의 등신 비율 등에 따라 캐릭터 느낌이 사뭇 달라진다는 사실을 명심하세요.

가분수 형태의 '디키디키' 캐릭터 디자인

2등신과 3등신 캐릭터를 그려보세요

3등신

2등신

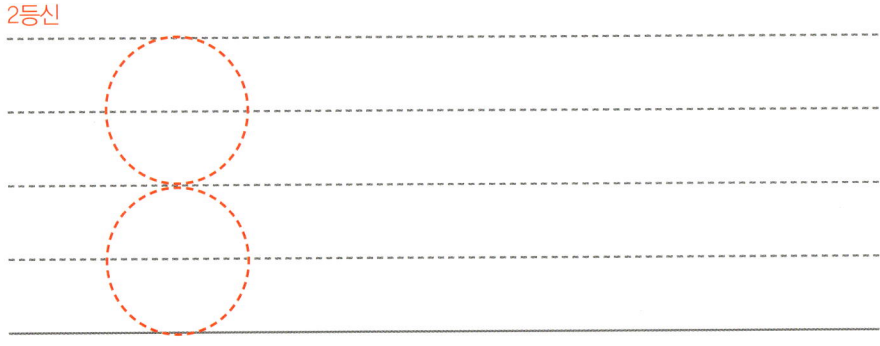

3등신

2등신

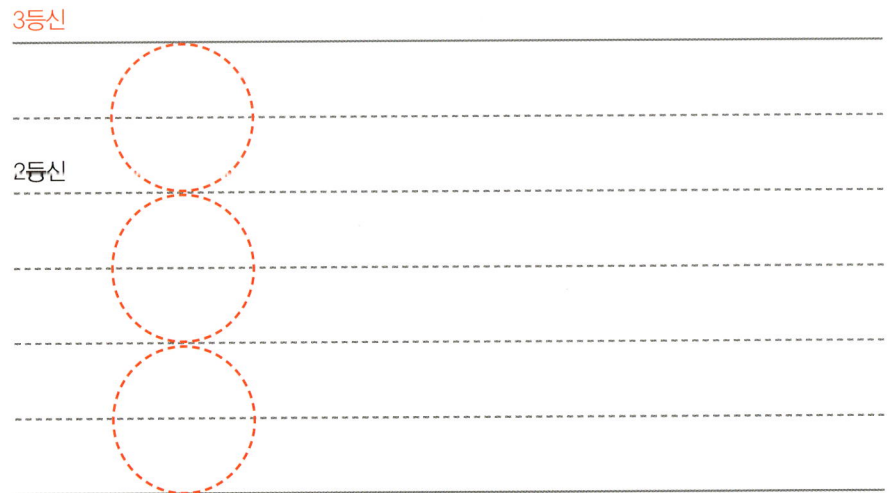

캐릭터에 성격과 이름 붙이기

✚ 나만의 캐릭터 프로필 만들기

좋은 캐릭터는 자신만의 '성격'과 '개성'이 묻어 납니다. 흔한 일상의 소재로 그렸지만, 어떻게 관심과 흥미를 일으키는 캐릭터로 발전하는지 살펴볼까요.

먼저 캐릭터에 이름을 부여해요. 이름은 상징적인 메시지가 함축되어 있고 머릿속에 쉽게 각인되며 마음에 좋은 인상을 남길 수 있어야 합니다. 캐릭터가 오래갈 수 있도록 주제에 어울리는 이름을 붙여야겠죠.

나만의 캐릭터에 이름과 성격을 부여하려면 자료 수집이 중요합니다. 인터넷이나 각종 정보를 찾아본 후 캐릭터와 관련된 성격, 특징, 좋아하는 것을 적어보세요. 조금 더 완성된 나만의 캐릭터 프로필을 만들 수 있습니다. 이러한 캐릭터의 기본 정보만 정리해도 시각화하는 데 도움이 됩니다.

✚ 돼랑이, '긍정 인생' 가족, 오키토키 캐릭터의 예시

저의 주요 캐릭터 주제는 긍정, 귀여움, 그리고 사랑스러움입니다.

① 돼랑이 캐릭터

이름: 돼랑이

영문: Pig Tiger

슬로건: '유유자적', '돼라! 돼라! 잘돼라!' 돼랑이

나이: 20살

성격 및 특징:

• 늘 꿈을 향해 열정적이고 긍정적인 삶을 추구한다.

• 바쁜 일상 속에서 놓치기 쉬운 삶의 여유를 조금이나마 찾으려고 한다.

• 유유자적, 순리대로 살며, 자연과 함께 있으면 세상 부러울 게 없는 삶을 즐긴다.

좋아하는 것: 새와 나비, 꽃, 커피, 우유 등

돼랑이가 좋아하는 소재들로 이야기를 풀어냄

② '긍정 인생' 가족 캐릭터

이름: '긍정 인생' 가족(긍정이, 행복이, 쁜이, 훈이 등 4명)

영문: Positive Life Family

슬로건: 긍정 인생, 행복 인생

성격 및 특징:

• 안빈낙도를 추구하며 항상 긍정적이고 행복하다.

• 일상의 소중함과 감사한 마음을 통해 가족의 진정한 의미를 찾는다.

• 우리 이웃의 평범하고 정감 있는 모습과 자연 속의 느린 삶을 지향한다.

좋아하는 것: 여행, 자연, 일상

긍정 인생 가족의 일상 이야기를 정감 있게 풀어냄

③ 오키토키 캐릭터

이름: 오키토키(초긍정)

영문: Super Positive 'Okitoki'

나이: 20살

성격 및 특징:

• 단 하나뿐인 삶, 단 하나뿐인 나, 늘 재미를 추구하며 산다.

• 긍정과 부정을 초월한 해탈의 삶을 살려고 하고 일상 속에서 늘 작은 행복과 기쁨을 얻고자 한다.

좋아하는 것: 당근, 잠자기, 맥주, 치킨, 아이스크림, 빵, 커피 등

오키토키의 초긍정 일상 이야기를 만화적으로 풀어냄

내 캐릭터의 성격과 이름 붙이기 실습

✎ 나의 호감 만점 캐릭터 프로필

이름:

영문:

슬로건:

나이:

성격 및 특징:

좋아하는 것:

Goods
PART
2

나만의 캐릭터로
발전시키기

보조 캐릭터 만들기

✦ 시선을 끄는 보조 캐릭터

나만의 캐릭터를 만들었다면, 캐릭터를 빛나게 해주는 보조 캐릭터를 만들어보세요. 거기에 소품까지 구성하면 더할 나위 없는 캐릭터 그룹이 됩니다. 캐릭터와 보조 캐릭터 간의 관계에 따라 더욱더 매력적인 이야기를 담아낼 수 있습니다. 흥미롭고 강한 인상을 남기기 위해 보조 캐릭터는 꼭 필요합니다. 전달하고자 하는 의미나 느낌을 더 쉽게 풀어갈 수 있어요.

호랑이와 까치를 통해 재미있는 이야기로 구성함

주변에 재미있는 소재들을 관찰해보세요. 가족, 반려동물, 친구, 식물, 동물 등 어떤 평범한 소재든 보조 캐릭터가 될 수 있습니다.

'긍정 인생' 가족 캐릭터

오키토끼와 당근의 조합

메인 캐릭터 달과 보조 캐릭터 별을 의인화

보조 캐릭터를 그려보세요

✎ 일상의 소재를 잘 관찰해 메인 캐릭터와 친구가 되고 존재감을 빛나게 하는 보조 캐릭터를 찾아보세요

이름:

성격:

메인 캐릭터와의 관계:

캐릭터 스토리와 세계관 설정하기

✚ 나만의 캐릭터와 세계관 구축

캐릭터는 스토리를 담아내는 행위입니다. '무엇을, 어떤 관점으로, 어떤 프레임으로 담아낼까?', '무엇을 강조하고 생략할까?' 이러한 궁금증에 답을 찾아가며 자신만의 철학과 안목으로 재미있고 매력적인 세계관을 설정합니다.

세계관이란 작가가 현재의 세계를 가공하고 상상을 더해 만든 '가상의 세계'입니다. 세계관은 캐릭터의 이야기를 진행해나가는 데 중대한 역할을 합니다.

나만의 호감 만점 캐릭터의 차별화된 디자인만큼이나 세계관을 명확히 하는 것이 중요합니다. 이야기의 방향성을 잡아갈 수 있기 때문입니다. 새롭고 참신한 세계관(스토리)인지 몇 번씩 확인하면서 스토리 구성과 스케치를 꾸준히 병행해야 합니다. 주위 지인에게 의견을 물어보는 것도 좋은 방법입니다.

자기만의 독특한 세계관(스토리)에 소신을 갖고, 자료와 정보를 찾아가며 연구해야 합니다. 평소 일상에서 아이디어를 찾거나, 경험이나 주변에 있었던 일을 들으면서 많이 기록해두고, 아이디어가 생각날 때마다 스케치를 해야 합니다. 또한 스토리를 구상할 때는 참신하고 재미있는 생각과 시각적 상상력을 총동원해야 합니다.

예를 들어, 저는 저와 닮은 캐릭터를 그립니다. 자기 자신을 잘 아는 이는 바로 '나'입니다. 그래서 나의 생각과 일상을 생생하게 차별화하여 만들어낼 수 있습니다. 저의 유년 시절 행복했던 기억과 가족과 함께한 여행에서 느낀 감정을 바탕으로 서정적인 풍경을 그리려고 합니다. 이를 '유유자적' 돼랑이라는 긍정의 캐릭터로 구현해 스토리를 만들고 방향성을 잡아가며 시각화하고 있습니다.

✚ 간결하고 분명하게 표현

캐릭터와 함께 짧은 문구로 작품의 의미와 작가의 의도를 쉽게 이해할 수 있도록 하는 것도 중요합니다. 이야기의 방향을 설명하는 한 문장, 이를 '로그라인(logline)'이라고 합니다. '긍정 인생' 가족 캐릭터에서도 '긍정 인생'이라는 짧은 문구를 통해 캐릭터의 전체 이미지를 한 번에 보여줍니다. 캐릭터 이름과 함께 짧은 소개 문구가 있으면 보는 사람이 쉽고 명확히 이해할 수 있습니다. 캐릭터를 좀 더 친근하고 쉽게 인지하는 방법입니다.

✚ '돼랑이' 캐릭터의 세계관 만들기 과정

내가 만든 캐릭터의 이름과 이야기를 만들어보세요. 어렵게 생각하지 말고, 전체적인 스토리와 메인 캐릭터, 보조 캐릭터 순서로 스케치를 확장해갑니다.

차별화되고 명확한 스토리를 잡았다면, 굿즈 캐릭터를 만들 때 더 풍성하고 재미있는 상품이 나올 수 있습니다.

세상에 단 하나밖에 없는 나만의 상징적 이야기를 차별화되게 표현해야 하는데요. 이것은 나만의 세계관과 스토리를 얼마나 개성 있게 표현하느냐에 달려 있습니다.

- **핵심 스토리**: 일상에 지친 현대인들에게 마음 따뜻한 위로와 행복의 메시지를 전달한다.
- **'유유자적' 돼랑이 캐릭터 스토리 스케치**: 캐릭터의 세계관(유유자적)을 통해 하나의 '스토리 그림'으로 발전시키는 스케치 단계.

'유유자적'이라는 세계관을 바탕으로
돼랑이 캐릭터 스케치

• **'유유자적' 돼랑이 캐릭터로 완성된 작품들**: 돼랑이는 시공간을 넘어 자연을 그리워하며, 늘 여유를 꿈꿉니다. 지치고 단조로운 일상을 벗어나 늘 자연과 함께 즐길 줄 아는 모습을 담고자 했습니다. 각박한 세상을 살아가는 이들에게 여유와 조금이나마 휴식과 사색을 통한 깨달음을 주기 위해 작업을 이어나가고 있습니다.

어린 시절 숨바꼭질하던 추억을 떠올리며
그린 돼랑이

속세에서 벗어나 따뜻한 봄 날씨를
홀로 즐기는 돼랑이

가을 황금빛 들녘에
익살스러운 허수아비로 변신한 돼랑이

나만의 캐릭터 세계관(스토리) 만들기 실습

✏️ 세계관 & 스토리

메인 캐릭터의 이야기를 상상해 재미있게 표현해보세요. 캐릭터의 개성이 잘 드러나도록 공간과 시간 등을 구체적으로 담아보세요

🕐 시간

📍 장소

'시각 발상법'으로 캐릭터 극대화하기

CHAPTER 3

✚ 효과적인 시각적 표현방법

캐릭터로 좀 더 효과적이고 재미있는 메시지를 전할 수 있는 시각적 표현방법이 있답니다. 대상의 고유한 특징이나 성격을 새롭게 재해석하고, 생명력 있는 캐릭터로 표현하는 방법으로 데페이즈망(Dépaysement), 이미지 수사학(Visual Rhetoric), 시각적 유머(Visual Pun), 비주얼 스캔들(Visual Scandal) 등 4가지입니다. 충분히 연습해 차별화된 캐릭터를 만들어보세요.

① 데페이즈망(초현실주의)

본래 '낯섦'을 뜻하는 데페이즈망은 사물을 일상적 환경에서 추방하고 이질적인 환경에 두는 표현방법입니다. 미술에서 르네 마그리트(René Magritte)의 그림이 데페이즈망을 잘 보여줍니다. 데페이즈망의 표현은 상상과 새로운 시각 경험을 만들어줍니다. 특별한 경험과 차별화되는 감성적 공간으로 표현할 수 있습니다. 데페이즈망 기법으로 낯설지만 차별화된 자신만의 캐릭터 이야기를 끌어낼 수 있습니다.

배를 하늘로 띄운 돼랑이의 꿈

② 이미지 수사학

시각 커뮤니케이션과 수사학은 의미 전달을 목적으로 하고, 좀 더 효과적인 커뮤니케이션을 위한 방법을 찾는다는 점에서 공통점이 있습니다.

수사학은 광고, 영화, 음악 등의 분야에서 재해석되고 응용되는데, 캐릭터 디자인 분야도 예외가 아닙니다. 시각적 수사학을 활용하여 캐릭터의 시각적 표현을 확장할 수도 있습니다.

무턱대고 그리기보다는 시각 발상법을 이해하면 더 효과적인 이미지가 나오겠죠? 수사 기법은 생략, 과장, 열거, 대조, 점층, 반복, 직유, 은유, 제유, 도치, 패러디, 대구의 12가지로 나눌 수 있습니다. 캐릭터의 시각적 표현방법 가운데 대표적으로 많이 활용되는 것이 생략, 과장, 은유, 패러디, 반복입니다.

돼지 저금통을 과장해 표현함으로써 나의 꿈이 점점 커진다는 이야기를 전달

③ 시각적 유머

유머는 즐거움과 웃음, 미소 등을 유발하는 자극 자체를 뜻합니다. 익살스럽고 재미있게 표현함으로써 소비자에게 어필하는 방법입니다. 인기 있는 모든 캐릭터는 아마도 유머가 기본적으로 반영되어 있을 거예요. 재미있게 구성된 유머는 수용자의 경계심을 풀고 친밀감을 느끼게 하는 데 효과가 좋습니다. 촌철살인의 유머로 메시지를 전달하기 때문에 수용자의 공감을 쉽게 이끌어낼 수 있지요.

돼랑이 머리에 산타 무자를 씌워 재미있는 모습을 연출함

④ 비주얼 스캔들

시각적으로 일상 이미지를 벗어나 비일상적 모습으로 표현하거나 현실적으로 있을 수 없는 시각적 이미지를 통해 신선한 자극을 주어 시선을 끄는 것을 '비주얼 스캔들'이라고 합니다.

예를 들어 A(개체) + B(개체) = C(새로운 개체) 형식으로 이미지를 합성해 정보를 전달하는 방식입니다. 조합을 통해 새로운 의미를 전달하는데, 특히 광고에서 많이 활용합니다.

수염과 음표를 조합해 돼랑이는 음악을 좋아한다는 이야기를 만들어내고, 호랑이의 얼굴에 돼지코를 조합해 호랑이를 새롭게 재해석해 재미를 더함

시각 발상법으로 캐릭터에 스토리를 입혀보세요

① 데페이즈망(초현실주의)

장소 이동시키기:

낯설게 하기:

② 이미지 수사학

5가지 이미지 수사학을 캐릭터에 응용해보세요

생략:

과장:

은유:

패러디:

반복:

③ 시각 유머

캐릭터에 이야기를 입혀 재미있게 구성해보세요

④ 비주얼 스캔들

내가 좋아하는 소재들을 메인 캐릭터와 조합해보세요

CHAPTER 4

선과 면, 색상 정하는 법

✛ 선으로 그린 캐릭터, 면으로 그린 캐릭터

캐릭터 굿즈를 제작하기 위해서 선과 면 작업으로 나만의 캐릭터에 옷을 입힐 수 있습니다. 스케치 단계에서 마음에 드는 캐릭터가 나왔다면 이제 차별화를 위해 캐릭터에 스타일을 입히세요. 쉽게 얘기하자면 나의 캐릭터에 옷을 입히는 과정입니다.

꼭 한 가지 스타일을 고집할 필요는 없습니다. 자신의 캐릭터 특징과 성격을 잘 표현할 수 있는 스타일을 찾으면 됩니다. 기준이 되는 스타일을 정하고, 기본 스타일을 중심으로 목적에 맞게 다른 스타일을 응용하는 것도 방법입니다. 선, 면 뭐든 좋으니 적절히 활용해 내 캐릭터에 어울리는 스타일을 만들어보세요.

① 선으로 그린 캐릭터

선으로 형태를 그리고 채색하는 방법을 말합니다. 선의 굵기와 강약을 조절해 캐릭터의 특징을 살리면 외곽선이 눈에 잘 띄고 작업하기가 수월합니다. 캐릭터뿐만 아니라 만화

선으로 그리고 채색한 '복뎅이' 캐릭터(포토샵)

작업에도 많이 쓰이는 방법입니다. 어떤 굵기와 색상이 좋을지 캐릭터를 그려보고, 가장 적합한 선으로 작업합니다.

선으로 그리고 색을 적용한 이미지(일러스트레이터)

② 면으로 그린 캐릭터

면으로 채색한 캐릭터는 형태와 색을 함께 그리는 방법입니다. 외곽선이 따로 없어서 형태를 표현하기가 어렵고, 색의 명도와 채도의 대비가 잘 구분되지 않아 주목성이 떨어질 수 있습니다. 하지만 적절한 색채 조화가 이뤄지면 따스하고, 감성적인 느낌을 잘 표현할 수 있습니다.

면으로 채색한 스마일 '돼랑이' 캐릭터(포토샵)

면으로 채색한 '긍정 인생' 캐릭터(포토샵)

③ 선과 면을 적절히 활용한 캐릭터

선과 면을 적절히 이용해 개성있게 표현하는 방법입니다. 나의 캐릭터를 다양하게 그려 보면서 잘 어울리는 표현방법을 찾아보세요.

서로 다른 굵기의 선으로 얼굴을 그리고 면으로 몸통을 표현해 개성을 입힌 돼랑이 캐릭터(왼쪽은 포토샵, 오른쪽은 일러스트레이터)

➕ 캐릭터에 어울리는 색상 고르기

캐릭터 스케치와 밑그림이 완성되면 채색을 해야 하는데 걱정이 앞섭니다. 무슨 색으로 칠할까? 이 색이 잘 어울릴까? 채색까지 했는데 완성도가 떨어져 보이면 어떡할까?

작업하면서 부딪히는 고민입니다. 색도 하나의 시각 언어이자 감성 언어이기 때문에 캐릭터의 성격과 특징에 맞게 색을 골라 채색해야 합니다. 또한 상황이나 목적에 맞게 색을 배치해야 합니다.

색에 대한 감성은 개개인의 경험과 소속된 집단에 따라 차이가 있지만, 어느 정도 보편성이 있습니다. 쉬운 예로 대체로 붉은색은 불과 정열, 푸른색은 물과 차가움의 이미지로 받아들이죠. 또한 우리의 일상생활 언어에서도 색은 상징적으로 쓰입니다.

- 그 사람 색깔이 뚜렷한 사람이야.
- 이색적이다. 색다르다.
- 안색이 좋지 않다.
- 가지각색, 색색 가지, 각양각색

또한 색은 캐릭터의 성격이나 감정을 표현할 때 상징적으로 활용됩니다.

| 열정, 분노 | 밝음, 활기 | 자연, 인정 | 우울, 차분 | 두려움, 신비로움 |

색으로 표현되는 성격

예시 ①

우리나라 고유색(오방색, 색동저고리)에서 영감받아 표현한 '돼랑이' 캐릭터

기존 호랑이의 메인 색인 황토색과 검갈색을 얼굴로 상징화하고, 몸은 단순한 무늬와 색상으로 꾸몄습니다. 기하학적이고 단순한 모양으로 표현해 우리나라의 전통 색(오방색)과 색동저고리의 색상을 가져와 개성을 부여한 거죠. 한국적인 색상으로 돼랑이의 개성을 담아냈습니다.

예시 ②

3가지 색으로 단순화한 '오키토끼' 캐릭터

대표색을 흰색으로 정하고 보조색을 노랑과 주황색 3가지로 단순화했습니다. 이렇게 캐릭터의 성격과 주제에 맞게 채색하는 것은 개성을 표현함과 동시에 캐릭터의 인상을 효과적으로 만들어주고, 완성도를 높입니다. 색만 봐도 단번에 캐릭터의 성격과 특징을 알 수 있게 작업해야 합니다. 그래서 밑그림을 그리기 전에 캐릭터의 특징과 성격 등에 어울리는 채색 계획을 잘 세우면서 작업해야 좀 더 완성도를 높일 수 있습니다. 캐릭터에서 색상은 밑그림만큼 중요한 요소이자 완성의 끝이라 할 수 있습니다.

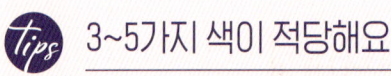 **3~5가지 색이 적당해요**

너무 많은 색을 입히면 산만해 보이고, 캐릭터의 인상이 희미해질 수 있습니다. 먼저 본인의 캐릭 터에 어울리는 대표적이면서 상징적인 색 하나를 골라 캐릭터의 특징이 잘 드러나도록 한 다음 유사한 색과 대비되는 색을 적절히 조화시켜 3~5가지 색 이내로 설정해 작업합니다. 특히 캐릭 터 굿즈를 제작할 때 많은 색으로 보여주기보다는 단순한 몇 가지 색으로 담아내야 더 매력적이 고, 개성이 드러날 수 있습니다.

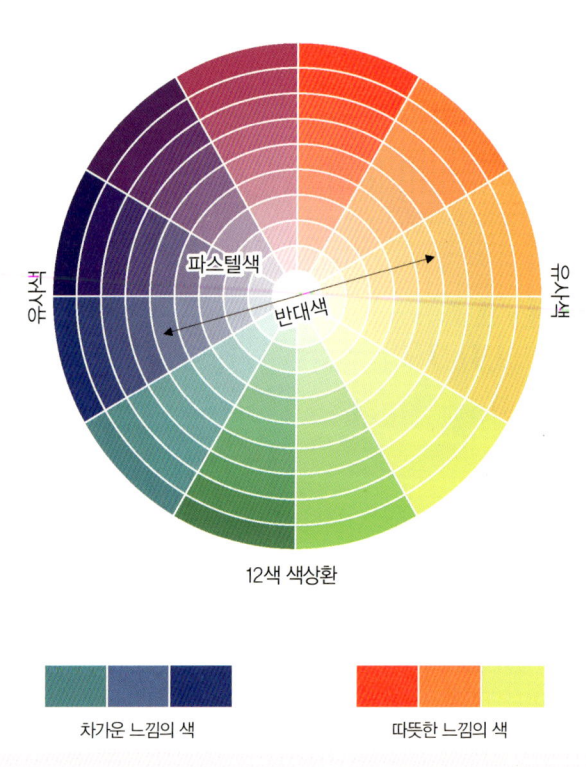

12색 색상환

차가운 느낌의 색　　　따뜻한 느낌의 색

CHAPTER 5

다양한 감정과 동작 표현하기

✛ 감정 표현하기

어떤 현상이나 상황과 관련해 생겨나는 마음이나 기분을 감정이라 합니다. 감정은 표정, 말, 움직임을 통해 표현할 수 있습니다. 말로 표현하지 않아도 얼굴로, 몸짓만으로도 표현할 수 있습니다. 캐릭터의 감정도 말 대신 얼굴과 몸짓만으로 쉽게 표현할 수 있답니다. 또한 감정의 강도에 따라 다르게 표현할 수 있습니다. 캐릭터의 감정을 특징과 개성을 살려 표현하면 공감이 가고 시선을 끌 수 있습니다.

① 기쁠 때

기쁜 감정은 웃는 얼굴이나 초롱초롱 빛나는 눈으로 표현하거나 소품을 활용해 행복한 모습을 극대화해도 좋습니다.

② 슬플 때

슬픈 감정은 눈물 흘리는 모습을 과장해 표현하면 확실하게 전달할 수 있어요. 또는 눈물을 흘리는 뒷모습을 표현하면 차별화돼요.

③ 화날 때

눈동자를 생략한 채 눈과 귀를 붉게 하면 화가 난 감정을 극적으로 보여줄 수 있습니다. 또한 귀 모양을 폭탄이 터질 때 생기는 버섯구름처럼 표현하면 유머러스한 모습까지 더해주어 화난 표정을 재미있게 표현할 수 있습니다.

④ 놀랄 때

놀란 표정은 눈동자를 생략하면 더 효과적으로 표현할 수 있습니다. 또한 느낌표를 소품으로 활용하면 놀란 표정이 더 배가되겠죠. 입이 있느냐 없느냐에 따라서도 표정이 달라집니다.

➕ 동작 그리기

표정을 어느 정도 그렸다면, 이젠 캐릭터의 성격을 표현하기 위해 응용 동작들을 그려볼게요. 동작을 통해 감정 표현을 더욱더 극대화할 수 있습니다. 일상에서 느끼는 감정과 모습을 관찰하면서 캐릭터에 어울리는 동작들을 그려보세요. 이미 나와 있는 캐릭터나 이모티콘 캐릭터의 표정과 동작을 보면서 응용해서 연습해도 좋습니다.

  평소 주변 사람들의 말과 행동을 유심히 관찰해 그려보세요. 감정과 동작을 적절히 구성하면 생동감 넘치는 캐릭터가 완성됩니다.

예시 ①

무표정한 초긍정 오키토키 캐릭터의 다양한 동작들

예시 ②

아래 첫 번째 카툰을 보면, '행복 정복'이라는 내용에 돼랑이가 나무를 자르고 날아가는 모습이 익살스럽게 표현되어 있습니다. 슈퍼맨이 날아가는 동작을 자료 수집을 통해 그리면 좀 더 완성된 동작들이 나오겠죠.

두 번째 카툰을 보면, '통쾌한 펀치'라는 글귀와 함께 악어와 한판 싸움을 벌이는 돼랑이의 유머러스한 모습이 그려져 있습니다. 권투하는 사진이나 정보를 찾아보면서 응용 동작을 그리면 쉽게 그릴 수 있습니다.

돼랑이 카툰 속에 표현된 응용 동작들

예시 ③

'긍정 인생' 가족 캐릭터는 밝고 행복한 표정과 동작을 표현하기 위해 발레 동작과 춤 동작을 응용했습니다. 개성 있는 캐릭터를 위해서는 꾸준히 자료를 수집하고 관찰하고 스케치하여 성격과 특징을 잘 표현하는 것이 중요합니다.

긍정 인생 가족 캐릭터 응용 동작 스케치(위),
응용 동작이 완성된 캐릭터(아래)

 타깃 선정 및 트렌드 조사

좋아하는 소재를 찾아 나만의 캐릭터를 만들었다면 이제 타깃을 선정해야 합니다. 타깃은 캐릭터
굿즈를 만들었을 때 소비하는 대상을 말합니다. 나이, 성별, 직업, 관심사, 취향 등을 살펴보며 구
체적으로 타깃을 머릿속에 그려봐야 합니다. 타깃을 선정할 때 주로 나이대와 성별을 기준으로
합니다. 저의 긍정 인생 가족 캐릭터와 유유자적 돼랑이 캐릭터는 타깃층을 20대 후반에서 50대
여성으로 잡았습니다. 캐릭터 굿즈를 제작하려는 주제와 성격을 바탕으로 연령층과 성별을 정해
그들에게 호감을 줄 수 있도록 작업을 진행해야 합니다.

사전에 타깃과 트렌드를 조사하고 다른 사람들의 의견을 수렴하는 등 충분히 검토한 후 캐릭터
굿즈 작업을 진행하면 리스크를 줄일 수 있습니다.

다양한 감정과 동작을 표현해보세요

① 얼굴 감정 표현

희로애락의 감정을 그려보며 나만의 캐릭터 감정선을 찾아보세요

② 응용 동작

나의 캐릭터와 어울리는 동작을 찾아서 표정과 함께 그려보세요

저작권 등록하기

✚ 나의 '인생 굿즈' 캐릭터를 지키는 법

캐릭터를 완성했다면 누군가 그대로 따라 그리는 일이 없도록 디자인 저작권을 보호받아야 합니다. 무에서 유를 창조하는 일이 항상 그렇지만, 인고의 시간 끝에 완성한 캐릭터를 누군가가 조금만 변형하여 판매하는 것을 방지하려면 지긋긴 출원이 필요해요.

문제가 생겨 소송으로 이어지는 경우 저작권 침해를 인정받으려면 '모방한 사실'과 '창작물의 유사성' 등 여러 요건이 입증되어야 하므로 소송이 길어질 수 있어요.

아래 플랫폼을 보면 호랑이 소재로 만든 캐릭터 스티커들이 정말 많죠? 다양한 플랫폼에서 캐릭터 종류와 판매자가 폭발적으로 늘어나면서 비슷한 캐릭터들이 늘어나고 있어요. 창작과 모방의 경계가 모호해지는 상황에서 분란의 소지가 증가하고 있어요. 저작권을 등록하면 소중한 나의 캐릭터를 보호할 수 있답니다. 캐릭터 저작권을 등록하는 방법을 알아볼까요?

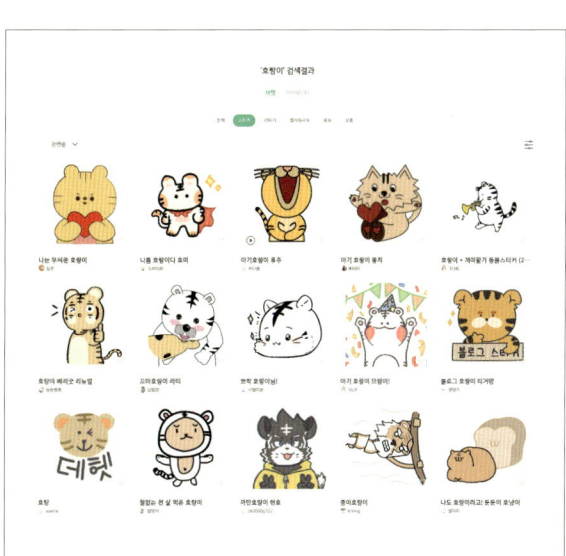

출처: https://ogqmarket.naver.com/

✛ 긍정 인생의 '긍정이와 행복이' 캐릭터 저작권 신청

'누가 내 캐릭터를 베끼겠어?' 하고 생각할 수 있지만 설마가 사람 잡을 수도 있지요. 이런 경우를 대비하기 위해 저작권은 필수입니다. 저작권은 공들여 만든 창작물에 대한 저작자의 권리를 보호하기 위한 것입니다. 다양한 굿즈 상품들과 유튜브 등에 캐릭터를 활용할 때 문제가 생기지 않도록 예방 주사를 맞는 셈이지요.

저작권을 등록하려면 직접 한국저작권위원회에 방문해서 신청해도 되고, 온라인으로도 가능합니다. 다소 어려울 수 있지만 온라인 신청을 권합니다. 수수료와 시간을 절약

캐릭터의 앞, 옆, 뒷모습

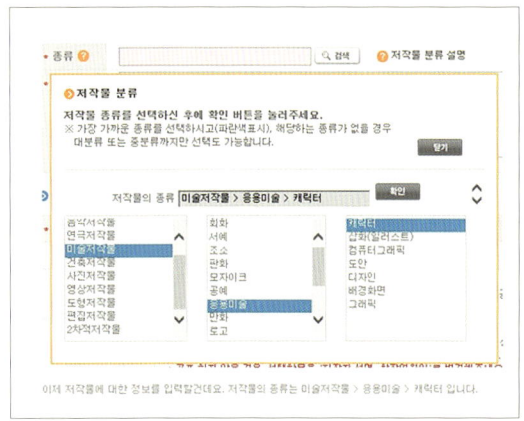
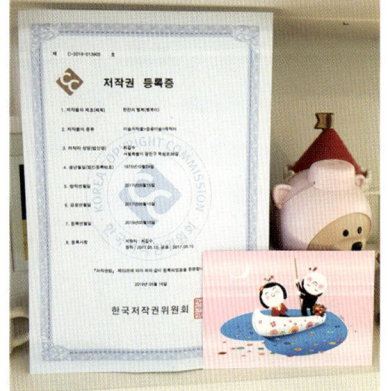

저작권 홈페이지(좌), '긍정 인생' 가족 캐릭터, 저작권 등록증(우)

할 수 있으니까요. 저작권을 등록해놓으면 만든 사람이 누구인지, 언제 창작을 완료했는지를 누구라도 알 수 있어서 나중에 저작권 침해가 발생했을 때 별다른 입증 없이도 쉽게 저작자로 인정받을 수 있습니다.

캐릭터 저작권을 등록하려면 앞모습-옆모습-뒷모습을 차례로 그려야 합니다. 통일감 있게 얼굴 크기, 어깨 크기, 다리 등을 앞모습을 기준으로 표현해야 하며, JPG로 최종 파일을 만들면 됩니다.

그리고 캐릭터의 스토리와 내용도 등록해야 합니다. 캐릭터의 내용, 생김새, 컬러, 이름 등을 간단히 적는 것도 잊지 마세요.

Goods
PART

3

디지털
페인팅하기

디지털 페인팅하기 전에 알아야 할 것

✛ 타블렛

예전만 해도 종이에 그림을 그리고 색칠하는 것이 일반적이었지만 이제는 타블렛 기기만 있다면 누구나 손쉽게 디지털 드로잉이 가능해요. 타블렛은 보통 PC 등에 연결해서 쓰는 스타일러스 펜입니다. 영어로 'Tablet'이라 태블릿으로 읽어야 하지만 태블릿 PC와 구분하기 위해 타블렛으로 불립니다. 디지털 드로잉을 위해서는 포토샵과 타블렛이 필요합니다.

좋은 아이디어와 열정, 좋아하는 소재 그리고 타블렛, 포토샵과 일러스트레이터 디지털 프로그램만 있으면 캐릭터 제작 환경이 만들어집니다. 하지만 장비만 있다고 그림이 쉽게 그려지진 않습니다. 많은 연습과 그리고 싶은 소재가 있어야지만 내가 원하는 '인생 굿즈' 캐릭터가 나오겠죠?

마우스로도 캐릭터를 만들 수 있지만 좀 더 섬세한 표현과 형태를 만들고 싶다면 타블렛을 추천합니다. 실제 드로잉하는 것처럼 압력 감지 보드 위에 펜마우스로 드로잉하면서 이미지를 제작하는 표현 도구입니다. 포토샵이나 일러스트레이터 프로그램의 드로잉 기능이 향상하고 있는 만큼 타블렛 또한 기능이나 표현, 종류 면에서 꾸준히 발전하고 있습니다.

내가 원하는 캐릭터를 더 쉽고, 세밀하고, 편하게 만들어낼 수 있습니다. 처음 그림에 입문하는 분들은 와콤 인튜어스 CTL-490 정도가 괜찮습니다. 가격도 저렴하고, 크기가 작아 휴대하면서 편하게 작업할 수 있습니다.

Art by. TheOneWithBear

출처: https://wacomkoreablog.com/

① 펜타블렛

펜타블렛은 펜이 마우스의 기능을 대신해 간단한 드로잉이나 페인팅, 사진, 영상 편집, 필기 같은 다양한 작업을 할 때 편리하게 활용할 수 있습니다. 간단하고 쉬운 그림 작업에 최적화되어 있죠. 처음엔 작업 영역과 모니터 화면이 달라 적응하는 데 시간이 필요합니다. 하지만 한번 익숙해지고 나면 매우 빠르고 쉽게 작업할 수 있어요. 펜타블렛 제품으로는 원 바이 와콤, 와콤 인튜어스프로, 와콤 인튜어스 등이 대표적입니다.

와콤 인튜어스   와콤 원

출처: https://wacomkoreablog.com/

② 액정타블렛

그래픽 타블렛의 원리를 LCD 모니터에 적용시켜 활용하는 장치입니다. 화면에 펜을 대고 모니터에 직접 페인팅하는 타블렛입니다. 마치 종이 위에 그림을 그리듯 자연스러운 필압을 느낄 수 있습니다. 펜타블렛보다 좀 더 정교하고, 쉽게 표현할 수 있으며, 전문적인 페인팅(웹툰 작가)을 할 때 자주 쓰입니다.

펜타블렛보다 성능 자체는 우수하지만 초보자가 사용하기에는 부담스러운 가격입니다. 펜타블렛을 사용하다가 액정형으로 넘어가는 것이 좋습니다. 와콤 원, 와콤 신티크, 와콤 신티크프로 등이 대표적 액정타블렛입니다.

출처: https://wacomkoreablog.com/

③ 태블릿 PC

모바일 OS의 각종 애플리케이션(앱)을 활용해서 프로그램으로 작업할 수 있는 제품입니다. 작고 가벼워서 보관 및 장소에 구애받지 않고 언제 어디서나 휴대하면서 작업할 수 있어서 편리합니다.

액정형 타블렛보다 색상 구현이 좋습니다. 직관적인 인터페이스를 구현할 수 있어 초보자나 전문가 모두 애용하는 형태입니다. 대표적인 제품으로 아이패드와 갤럭시 탭 등이 있습니다.

출처: https://www.apple.com/kr/ipad-air/

✚ 페인팅 프로그램 종류

① 포토샵

캐릭터를 만들 때 주로 쓰는 프로그램으로, 비트맵 방식(이미지 데이터를 저장하고 표현하기 위한 파일 형식)이리 그기를 조절하면 이미지가 깨실 수 있습니다. 하지만 회화적인 느낌의 이미지 제작이나 만화, 애니메이션 같은 이미지 편집을 할 수 있는 이점이 있습니다. 복잡하거나 자연스러운 애니메이션을 제작하기엔 좀 무리가 있지만, 초보자들이 쉽게 사용할 수 있습니다.

② 일러스트레이터

로고나 캐릭터, 일러스트 등 깔끔한 이미지 작업을 하는 데 적합한 프로그램입니다. 어느 정도 숙련된 작가나 디자이너들이 많이 쓰는데, 벡터 방식이라 확대해도 깨지지 않는 장점이 있습니다. 초보자들은 포토샵으로 어느 정도 작업한 후 숙련되면 일러스트레이터 프로그램을 활용하는 게 좋습니다.

✛ 포토샵과 일러스트레이터의 차이점

① 비트맵(픽셀)으로 이루어진 포토샵: 풍부한 색채 구현

포토샵은 픽셀(Pixel)이라는 작은 점으로 이루어진 비트맵 이미지입니다. 비트맵은 쉽게 픽셀(그래픽에서 쓰는 최소 단위 중 하나)이라 할 수 있습니다. 아주 작은 사각형에 색을 채워 넣는 방식입니다. 지도처럼 최소의 작은 사각형을 모아 모아 하나의 이미지를 만드는 것이죠.

벡터 방식과 달리 최소 단위에 색으로 이루어졌기 때문에, 픽셀의 크기와 어떤 색이 들어갔느냐에 따라 회화적인 느낌의 풍부한 색을 표현할 수 있습니다.

비트맵(픽셀) 방식의 포토샵 프로그램을 사용한 이미지(좌),
이미지를 확대한 모습(우)

회화적인 크레파스 느낌을 담아낸 비트맵 이미지

② 벡터 기반의 일러스트레이터: 아무리 늘려도 이미지가 깨지지 않음

벡터 기반의 일러스트레이터는 이미지를 무한 확대, 무한 축소해도 깨지지 않고 모양을 그대로 유지할 수 있습니다. 다양한 색을 표현할 수 있는 비트맵에 비해 단색 느낌이 있어서 단순한 이미지를 만들거나 로고와 캐릭터 제작, 세련된 일러스트에 주로 사용합니다.

일러스트레이터 프로그램을 사용한 이미지(좌), 이미지를 확대한 모습(우)

③ 해상도 차이

해상도는 이미지에 총 몇 개의 픽셀이 사용되었는지를 나타내는 것이며, 픽셀 수가 많을수록 이미지가 선명하고 깨끗해 보입니다. 하지만 파일 용량이 커지기 때문에 작업 용도에 따라 적절한 해상도를 정해야 합니다.

굿즈 제작을 위해서는 해상도가 중요합니다. 인쇄용 해상도는 보통 300dpi(Dot Per Inch, 1인치당 들어가는 픽셀의 수)를 쓰고, 인쇄물 사이즈가 클 때는 해상도를 200dpi 내외로 사용해도 무방합니다.

해상도 300dpi(인쇄용)　　　　　　　　　　　　해상도 72dpi(웹용)

④ 점과 선에서 느껴지는 차이

포토샵은 '브러시'로 종이 위에 자유롭게 그린다는 개념이고, 일러스트레이터는 펜을 활용해 점과 선을 이어가며 이미지를 깔끔하게 만드는 개념으로 이해하면 쉽습니다.

일러스트레이터에서 작업한 선을 클릭하면 여러 점과 선의 정보(핸들 포인트, 핸들, 패스, 앵커 포인트)로 이루어진 것을 알 수 있습니다.

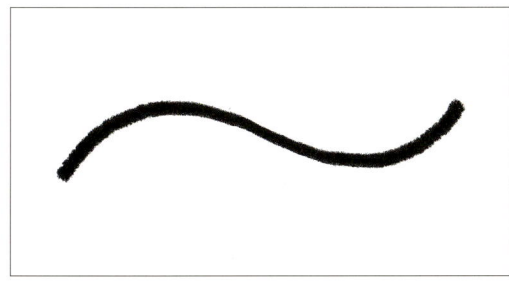 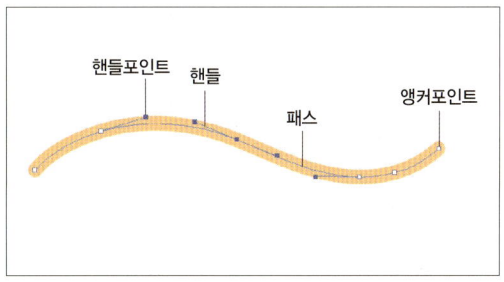

포토샵(비트맵)에서 그린 선(좌), 일러스트레이터(벡터)에서 그린 선(우)

✦ 레이어 원리 이해하기

레이어(Layer)는 층 혹은 층층이 쌓이는 투명한 셀로판지를 뜻하는데, 작업의 기본 단위를 말합니다. 이미지 편집 작업이나 브러시를 이용해 페인팅 및 캐릭터를 제작할 때 중요한 기능을 합니다. 미리 레이어를 정확히 이해하고, 활용법을 익혀두어야 합니다.

① 레이어의 구조

층층이 레이어를 겹쳐 하나의 이미지를 만듭니다. 레이어에 스타일과 효과를 줄 수 있고, 또한 서로 위치를 변경할 수도 있으며, 제작 시 수정과 보완이 가능해 편리합니다.

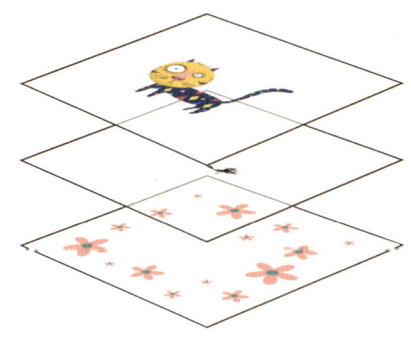

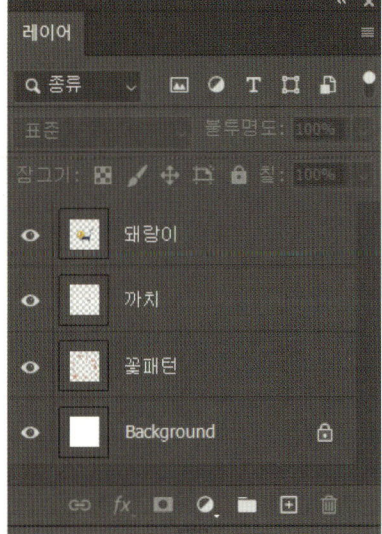

■자유롭게 수정 가능

레이어를 따로따로 만들어 그릴 수 있어서 그림을 수정하거나 지우개 도구로 지워도 아래에 있는 레이어는 지워지지 않습니다. 레이어 패널을 보면 선택된 레이어만 수정하거나 지울 수 있도록 되어 있습니다. 이렇게 편하게 위치를 변경할 수도 있고, 수정하거나 새로 배치할 수도 있습니다.

■투명 조정 가능

레이어의 불투명 정도를 조정할 수 있습니다. 레이어 활성화를 끄면 이미지가 없어집니다. 자유롭게 선택하면서 이미지를 완성할 수 있습니다.

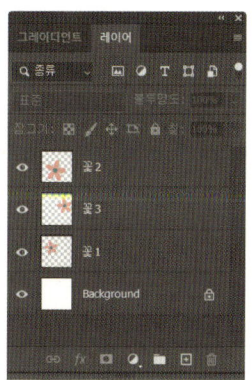

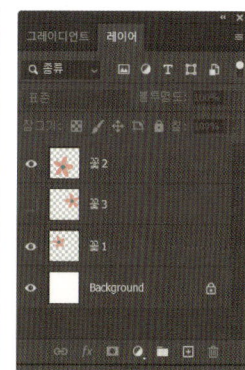

■ 편리한 캐릭터 드로잉 작업 기능

포토샵에서 캐릭터를 만들 때 레이어로 구분해서 작업하면 효율적으로 제작할 수 있습니다. 배경, 채색, 선을 나누어 분리 작업을 하면 수정과 보완이 가능해 완성도 높은 캐릭터 이미지를 만들 수 있습니다.

드로잉선

채색

배경

② 레이어 순서

작업할 때 레이어 순서를 잘 확인해야 합니다. 순서가 뒤바뀌어 채색이 위에 있고, 선이 아래 있으면 선을 가리기 때문입니다. 그림 스타일에 맞게 레이어를 추가하면서 완성도를 높여갑니다. 레이어를 잘 활용하면 좀 더 편하게 수정과 보완을 할 수 있으며, 효율적으로 작업을 진행할 수 있습니다.

 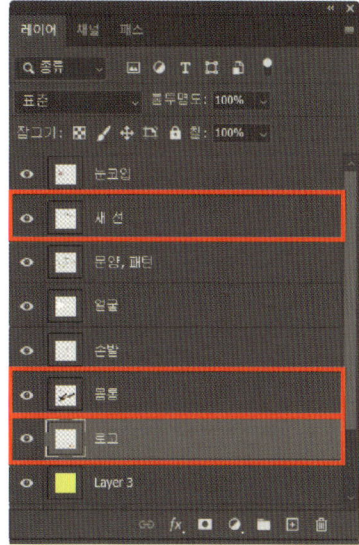

 ## 스케치한 캐릭터를 스캔해요

스캐너 없이도 앱을 이용해 간단히 스캔할 수 있습니다. 스케치한 캐릭터를 앱으로 스캔한 후 컴퓨터에 옮겨서 작업을 진행하면 됩니다. 아래는 유용하게 쓸 수 있는 스캔 앱입니다.

Adobe Scan: 어도브에서 제공하는 무료 스캔 앱입니다. PDF 및 JPG 파일을 저장할 수 있습니다. 간단하게 스캔할 수 있어요.

CamScanner: 캠스캐너에는 무료와 유료가 있습니다. 무료를 이용해도 무난하게 스캔할 수 있어요. PDF, JPG, TXT 파일 등 다양하게 저장할 수 있습니다. 다양한 저장 형식만 보면 캠스캐너가 좋습니다.

포토샵으로 캐릭터 만드는 법

✛ 핵심 도구 알아보기

포토샵으로 어렵지 않게 캐릭터를 만들 수 있어요. 몇 가지 도구만 안다면 누구나 캐릭터 만들기에 도전할 수 있답니다. 포토샵에서 많이 활용되는 도구를 이해하고 디지털 드로잉으로 나만의 캐릭터를 만들어볼까요?

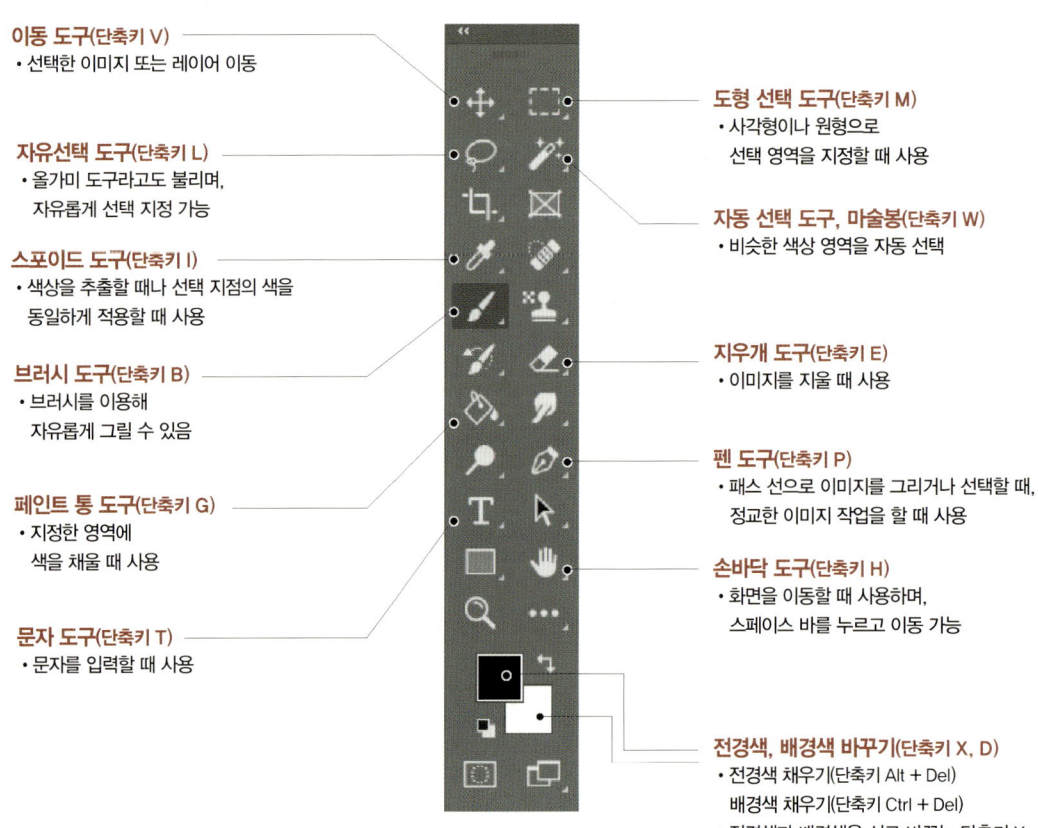

이동 도구(단축키 V)
- 선택한 이미지 또는 레이어 이동

자유선택 도구(단축키 L)
- 올가미 도구라고도 불리며, 자유롭게 선택 지정 가능

스포이드 도구(단축키 I)
- 색상을 추출할 때나 선택 지점의 색을 동일하게 적용할 때 사용

브러시 도구(단축키 B)
- 브러시를 이용해 자유롭게 그릴 수 있음

페인트 통 도구(단축키 G)
- 지정한 영역에 색을 채울 때 사용

문자 도구(단축키 T)
- 문자를 입력할 때 사용

도형 선택 도구(단축키 M)
- 사각형이나 원형으로 선택 영역을 지정할 때 사용

자동 선택 도구, 마술봉(단축키 W)
- 비슷한 색상 영역을 자동 선택

지우개 도구(단축키 E)
- 이미지를 지울 때 사용

펜 도구(단축키 P)
- 패스 선으로 이미지를 그리거나 선택할 때, 정교한 이미지 작업을 할 때 사용

손바닥 도구(단축키 H)
- 화면을 이동할 때 사용하며, 스페이스 바를 누르고 이동 가능

전경색, 배경색 바꾸기(단축키 X, D)
- 전경색 채우기(단축키 Alt + Del)
  배경색 채우기(단축키 Ctrl + Del)
- 전경색과 배경색을 서로 바꾸는 단축키 X

먼저 기본적인 도구를 알아볼게요. 단축키를 알아두면 더욱더 효율적으로 캐릭터를 제작할 수 있습니다. 대문자로 적은 알파벳이 단축키입니다. 단번에 외울 수는 없지만, 작업을 많이 하다 보면 자연스레 손에 익습니다.

✤ 상단 옵션 패널

① 브러시(Brush): 브러시의 크기, 모양, 강도를 설정할 수 있습니다. 부드럽고 매끄러운 브러시부터 연필이나 펜, 크레파스, 파스텔 등 수작업 느낌의 브러시, 물감처럼 번지는 수채화나 아크릴과 유화 느낌의 브러시, 스프레이처럼 뿌리는 효과를 주는 브러시 등 다양합니다.

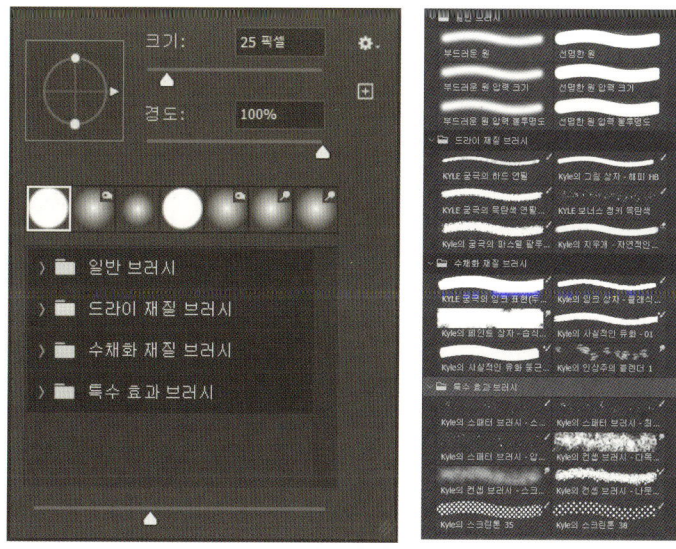

② 브러시 패널 단추: 브러시의 세부 속성을 조절하는 패널입니다. 이를 사용해 다양한 브러시 효과를 냅니다.

③ 모드(Mode): 브러시의 혼합 모드를 지정합니다.

④ 불투명도(Opacity): 브러시의 불투명도를 조절합니다. 수치가 낮을수록 투명해집니다.

⑤ 불투명도 필압 단추: 타블렛의 압력을 감지해 브러시의 불투명도를 조절합니다.

⑥ 흐름(Flow): 브러시 스트로크 속도를 지정해서 브러시 흐름이 지속되는 정도를 조절합니다. 흐름을 낮게 설정하면 한 번에 분사되는 양이 줄어들어 브러시의 질감이 잘 드러납니다.

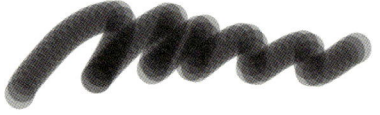

흐름: 100%   흐름: 30%

⑦ 에어브러시 단추: 에어브러시처럼 테두리에 뿌연 안개 효과를 줍니다.

⑧ 보정(Smoothing) 단추: 수치를 높이면 선을 매끄럽게 만들어줍니다.

⑨ 크기 필압 단추: 타블렛의 압력을 감지해 브러시의 크기를 조절합니다.

✛ 브러시 이해하기

디지털 페인팅에서 브러시는 제일 중요한 도구입니다. 포토샵은 다양한 브러시를 제공합니다. 기본으로 제공하는 브러시도 많고, 아니면 취향에 맞게 직접 세팅해도 됩니다. 브러시를 사용하면 다양한 붓 모양으로 페인팅할 수 있습니다.

■ 포토샵 상단 옵션에서 브러시 설정하기

① 도구(Tool) 패널에서 브러시를 선택합니다.

② 브러시 옵션 패널에서 브러시 모양과 크기를 선택합니다.

③ 브러시 크기는 [,]를 눌러 조절한 후 원하는 모양으로 드로잉합니다. 이때 펜타블렛을 사용하면 효과적으로 캐릭터를 제작할 수 있어요.

■브러시 패널 알아보기

브러시 패널은 브러시를 세부적으로 관리할 수 있는 패널입니다. 상단 옵션 패널에서 브러시 패널 단추를 누르거나, [윈도우]-[브러시] 혹은 단축키 **F5**를 실행, 개별 세팅해 그림을 그릴 수 있는 브러시를 만들 수 있습니다.

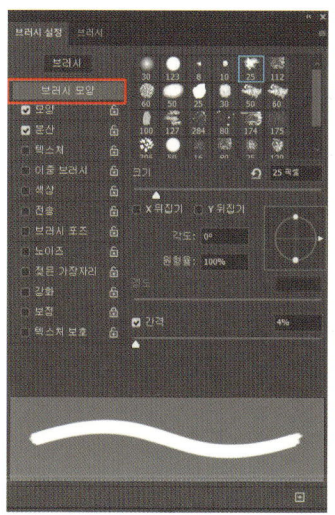 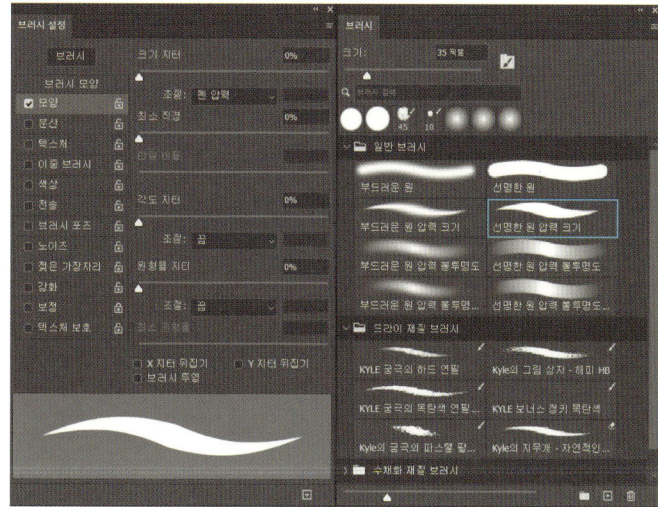

■브러시 모양: 일반 브러시

브러시 모양을 선택하고 크기, 각도, 간격 등을 조절합니다.

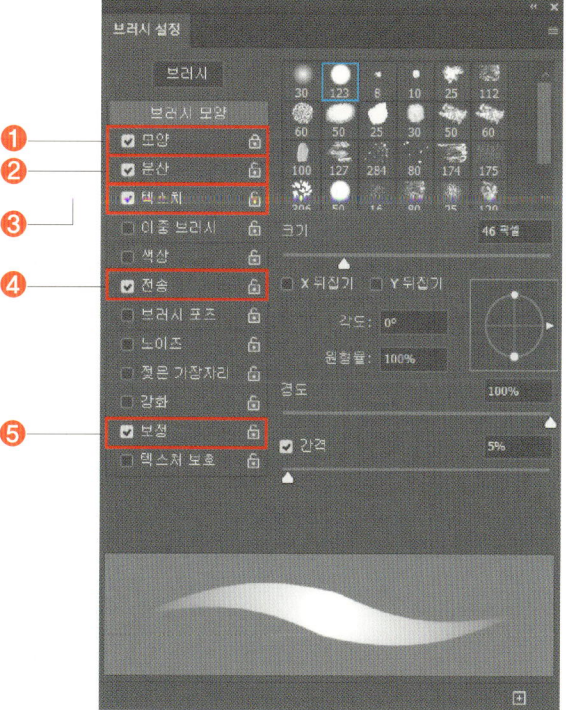

① **모양**(Shape Dynamic)

브러시의 모양과 압력 감지에 따라 달라지는 형태를 설정합니다. 브러시 모양을 클릭한 다음 조절(Control)에서 펜 압력(Pen Pressure)을 설정하면 타블렛의 필압에 따라 브러시와 굵기가 변경되어 펜이나 만년필 느낌을 표현할 수 있습니다. 최소 직경(Minimum Diameter)에 따라 브러시 크기의 최솟값을 설정해 스트로크에 적용합니다.

② **분산**(Scattering)

흩뿌려지는 효과를 냅니다.

③ **텍스처**(Texture)

패턴 텍스처를 이용해 다양한 브러시 질감을 지원합니다.

④ **전송**(Transfer)

불투명도와 흐름의 지속성 등 브러시의 기본 성질을 조절합니다. 조절(Control)을 펜 압력(Pen Pressure)으로 설정하면 펜의 압력에 따라 브러시의 불투명도가 조절됩니다.

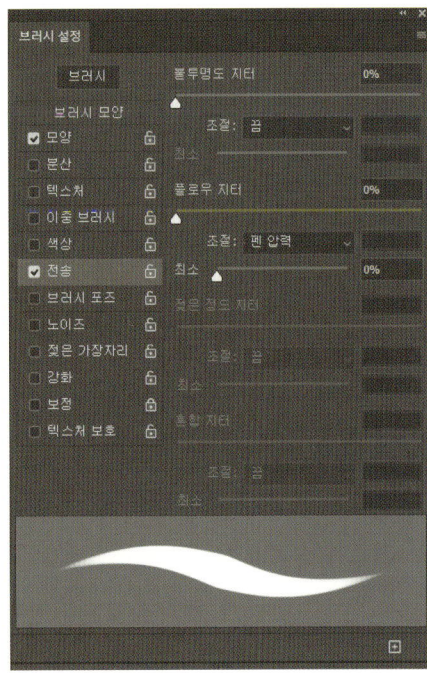
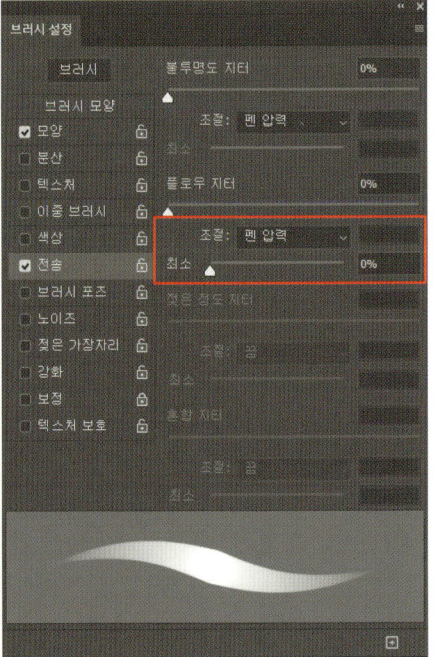

⑤ **보정**(Smoothing)

브러시 선을 부드럽게 만들어주는 기능입니다. 보정을 클릭하면 선을 부드럽고, 매끄럽게 해줍니다. 상단 옵션 패널에서 수치를 조정하거나 켜고 끌 수가 있습니다.

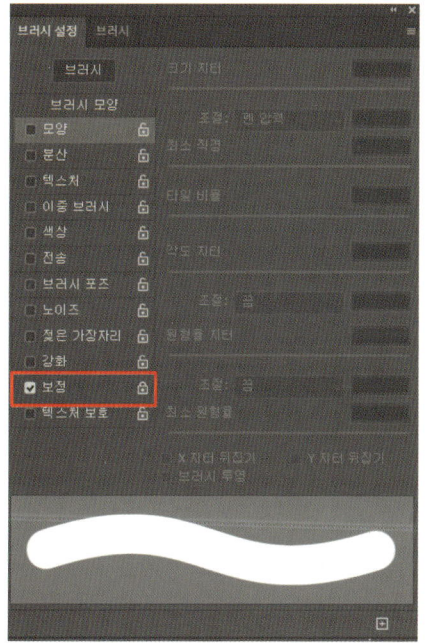

■ **보정 수치에 따른 변화**

보정 수치가 높을수록 그림이 매끈해지며, 단순한 캐릭터 그리기에 적합합니다. 다만 그려지는 속도가 조금 느려지는 단점이 있습니다. 다양한 브러시를 활용해 나만의 선을 찾아보세요. 딱딱한 선부터 자연스럽고, 회화적인 선까지 다양합니다. 캐릭터 특징에 맞는 선을 찾아 완성도를 높여보세요.

수치: 0

수치: 100

불투명도와 크기 설정에 따른 브러시의 변화

브러시 불투명도와 크기에 필압 적용 단추를 누르면 브러시의 모양이 변합니다. 둘 다 실행하면 필압에 따라 브러시 굵기와 농도가 변하는 것을 알 수 있습니다. 캐릭터 특징에 맞게 브러시를 설정해 다양하게 그려 보세요.

Opacity 필압	×	×	활성화	활성화
Size 필압	×	활성화	×	활성화

✚ 선 드로잉 연습하기

초보자들은 전문가용 액정타블렛보다 펜타블렛을 권장합니다. 나만의 캐릭터를 만들기 전, 다양한 선을 연습해 내가 좋아하는 선을 찾아 손에 익히는 것이 중요합니다.

삐뚤빼뚤해도 좋으니 마음 가는 대로 자유롭게 그려보세요. 포토샵에서 제공하는 다양한 브러시로 직선, 곡선, 도형 등을 그려보면서 브러시 패널에서 제공되는 속성을 이해합니다. 타블렛 펜의 강약을 조절해가며 필압의 특징을 느껴보세요.

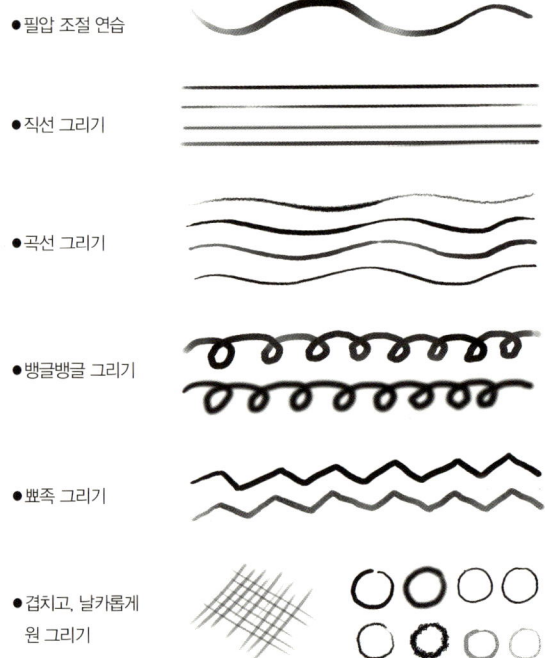

- 필압 조절 연습
- 직선 그리기
- 곡선 그리기
- 뱅글뱅글 그리기
- 뾰족 그리기
- 겹치고, 날카롭게 원 그리기

✚ 페인트 통 도구를 설정해 캐릭터 그리기

페인트 옵션을 설정해 더욱 편리하게 캐릭터를 채색할 수 있습니다. 페인트 통 도구는 색상이 비슷한 가까운 영역을 전경색으로 채워주는 기능을 합니다. 한마디로 채색하고 싶은 영역을 선택하면 모두 색칠이 되는 기능을 합니다. 포토샵에서 선으로 그린 캐릭터를 채색할 때 유용합니다.

■ 허용치(Tolerance) 수치를 높일수록 인접한 색상도 함께 칠해짐

① 허용치 값을 0으로 했을 때, 그린 선을 자세히 보면 흰색 픽셀이 보입니다.

② 허용치 값을 50으로 했을 때, 어느 정도 깔끔한 선과 채색 배경이 나옵니다.

③ 허용치 값을 최대 255로 했을 때는 모든 색상 값을 허용한다는 의미로 경계선 너머까지 채색이 됩니다.

　깔끔한 채색을 원한다면 보통 30~50 정도로 수치를 조절해 채색합니다. 허용치 값을 0으로 적절히 조절하면서 나만의 캐릭터를 만들면 됩니다.

■ [모든 레이어]를 체크하면 선택한 레이어와 상관없이 모든 레이어에 적용, 채색이 됨

포토샵에서 레이어는 중요하게 다루어지는 기능입니다. 수정과 보완, 채색을 해주는 역할을 합니다. 모든 레이어(All Layer)를 체크하면 현재 보이는 레이어 전체에 적용되어 내가 원하는 부분을 페인트 통 도구로 채색할 수 있습니다.

선 레이어와 채색 레이어가 따로 있지만, 모든 레이어를 체크하면 내가 원하는 영역에 페인트 통 도구를 이용해 선 안쪽으로 채색할 수 있습니다. 조금 더 효율적으로 재미있게 캐릭터를 채색할 수 있습니다. 여기서 주의할 점은 색칠하고자 하는 부분에 어느 한 군데라도 뚫려 있으면 안 된다는 것입니다. 꼼꼼히 선으로 막혀 있어야 제대로 채색이 됩니다.

선으로 막힌 돼지코 채색   선이 뚫려 있는 돼지코 채색

자동 선택 도구(마술봉) 활용하기

자동 선택 도구(마술봉)로 영역을 선택한 후 전경색 칠하기(Alt + Del), 배경색 칠하기(Ctrl + Del)를 이용하는 방법도 있습니다.

✛ 포토샵을 활용해 나만의 캐릭터 만들기

이제 본격적으로 나만의 호감 만점 '돼랑이' 캐릭터를 만들어볼게요. 만화적 요소를 가미한 메인 캐릭터 돼랑이와 보조 캐릭터 새를 그려 혼자가 아닌 가족을 통해 재미를 더했습니다. 나만의 캐릭터가 어떻게 완성되는지 알아볼게요.

1 단축기 Ctrl + N 을 동시에 눌러 새로운 창을 만들어줍니다.

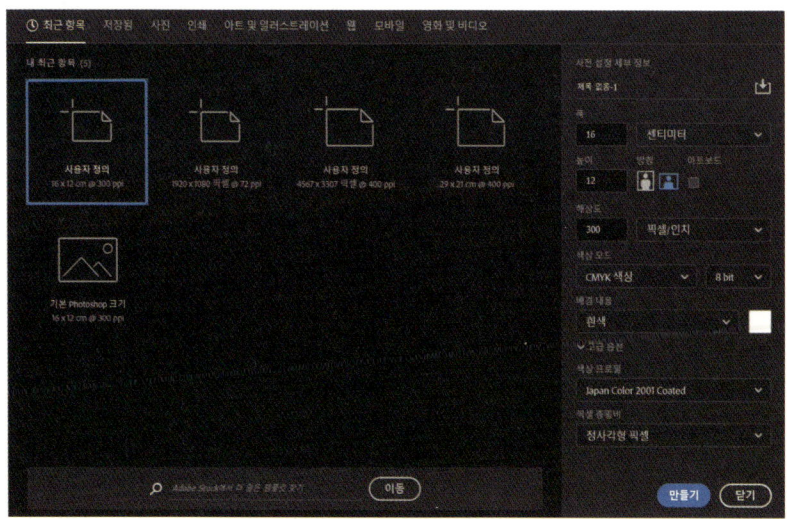

2 인쇄용을 위해 작업 규격은 가로세로 15×15cm,, 해상도 300dpi, CMYK로 설정해 제작 버튼을 눌러줍니다.

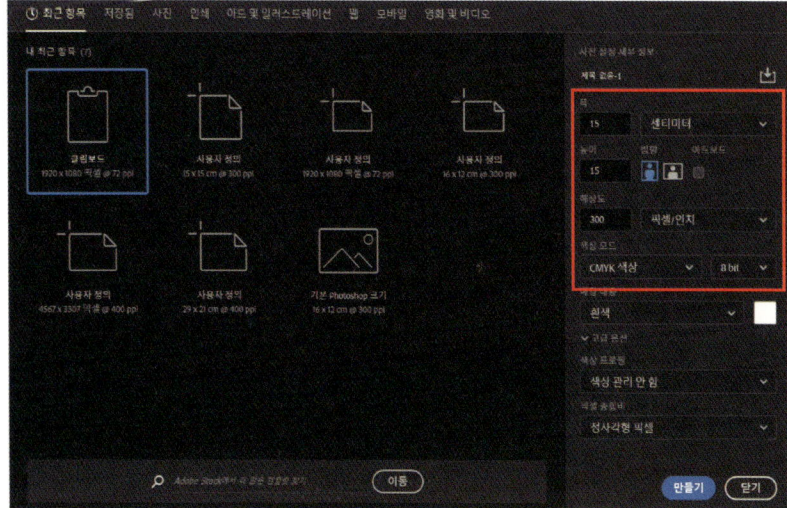

3 돼랑이 캐릭터를 스케치한 후, 스마트폰이나 스캔을 받은 이미지를 Ctrl + O 를 눌러 불러옵니다.
사각형 도구를 선택하고 원하는 그림 이미지 영역을 드래그한 후 Ctrl + C 로 복사해, 조금 전에 만든 새로운 문서에 Ctrl + V (붙여넣기)를 합니다.

4 붙여넣기를 한 이미지가 너무 작거나 크다고 하면 규격에 맞는 크기로 조정해줍니다. Ctrl + T 를 눌러 이미지를 조정할 수 있습니다. 그려놓은 연필 스케치를 따라서 새롭게 그리기 위해 불투명도를 조절해, 따라 그리기 쉽게 합니다.

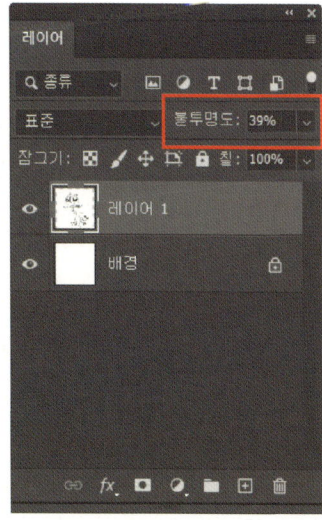

5 레이어 창 네모 안에 +를 눌러 새로운 레이어를 추가합니다. 레이어 이름을 '선 그리기'로 바꿔줍니다.

 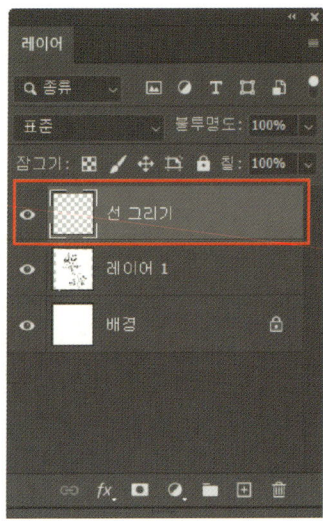

6 연필 느낌의 브러시 도구를 선정해 스케치 이미지를 따라 깔끔하게 그려줍니다. 얼굴, 눈, 코, 귀 순서대로 그립니다. 어린아이가 그린 것처럼 가볍게 끊김 없이, 또다시 몸통, 다리, 꼬리를 순서대로 그려줍니다. 이어 옆에 있는 보조 캐릭터인 화난 새도 그려줍니다. 다 그렸다면 스케치 이미지 왼쪽 창의 눈 모양 아이콘을 눌러 레이어를 끕니다.

 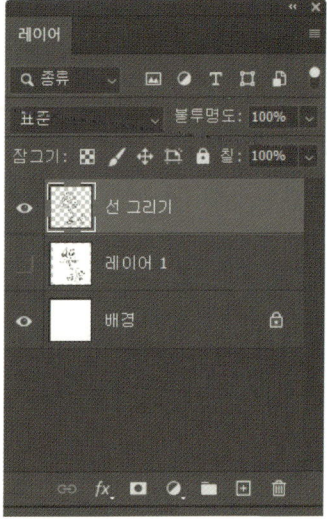

스케치한 그림을 그대로 이용할 때

이미지를 카메라로 촬영하거
나, 해상도를 높게 해 스캐너
로 스캔 받은 후 이미지를 보
정 없이 그대로 이용하는 방
법도 있습니다.

이미지−조정−레벨(Ctrl+L),
곡선(Ctrl+M), 색조 및 채도
(Ctrl+U)를 활용해 스케치한
검은 연필 선과 흰색 종이 바
탕이 뚜렷하게 보이도록 조정
하여 마술봉을 눌러 검은 선
만 추출합니다.

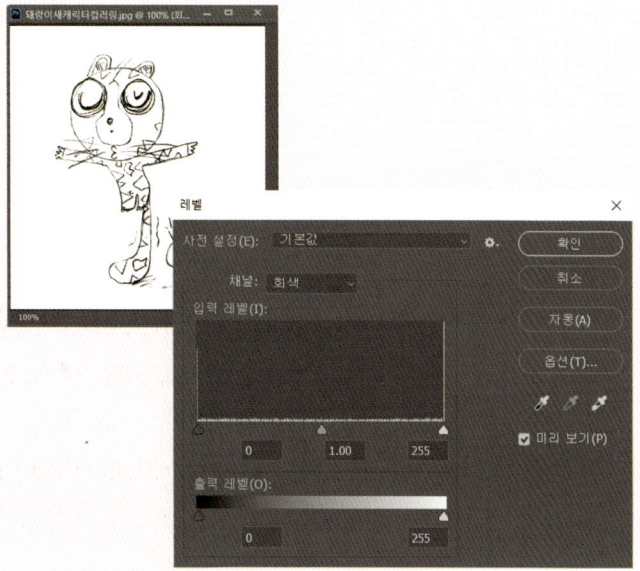

7 +를 눌러 새 레이어를 추가하고, 레이어 이름을 '채색'이라고 바꿔줍니다. 채색 레이어는 '선 그리기' 레이어 아래에 두고, 페인트 통 도구를 이용해 채색해줍니다. 채워지지 않은 면이나 장식적인 부분들은 브러시 도구를 이용해 정리합니다.

쉽게 색상 고르는 법(컬러피커 패널과 스포이드 도구)

도구 바에서 전경색을 클릭하면 컬러피커(전경색) 패널이 뜹니다. 캐릭터에 맞는 색을 쉽게 골라 채색할 수 있습니다. 스포이드 도구를 이용하면 이전 작업의 색을 채취해 고르게 채색이 됩니다.

8 추가로 그림자나 재미난 요소를 더해주고 싶다면, 새 레이어를 하나씩 추가해 완성도를 더욱더 높여줍니다. 그러면 조금 더 생동감이 생깁니다. 하나의 레이어에 한 번에 그릴 수도 있지만, 개체마다 레이어를 나누어 그리면 수정이나 보완하기가 더 편리해 완성도를 올릴 수 있습니다.

 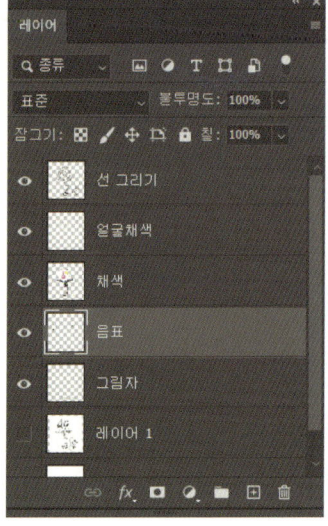

9 스케치한 이미지와 배경을 모두 삭제해주세요. 배경이 지워지면 바탕이 투명한 상태가 됩니다.

 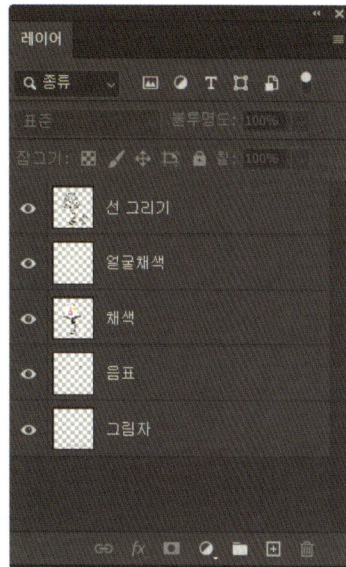

10 [File]—[Save](저장하기)를 누르거나 또는 단축키 Ctrl + S 를 눌러 포토샵 원본 파일(PSD)로 저장합니다. JPG 파일로 먼저 저장하면 나중에 레이어가 살아 있지 않습니다. 꼭 파일 형식을 PSD로 저장해야 합니다. 레이어가 있어야 나중에 수정이나 보완을 할 수 있습니다.

굿즈 이미지 제작을 위해 이미지 저장하는 법

[파일]–[내보내기]–[웹용으로 저장] 또는 단축키 Alt + Shift + Ctrl + S 를 눌러 PNG 파일로도 따로 저장합니다. JPG 확장자는 배경이 없어도 흰색 배경으로 저장이 되지만, PNG 파일은 배경이 투명하게 저장됩니다. 굿즈 이미지를 제작하려면 배경이 없는 이미지가 필요합니다.

또한 나중에 일러스트레이터로 디자인하기가 편합니다. 주의할 점은 PNG 파일은 CMYK를 지원하지 않습니다. 웹용 이미지를 위해 만들어진 포맷이기 때문입니다.

작업용 데이터는 고해상도 PSD 형식으로 작업을 권장하고, CMYK 모드에서 배경이 투명한 PNG 파일로 저장합니다. 다만 PNG는 RGB 모드만 지원하므로 인쇄할 때 색상이 달라질 수 있어 유의해야 합니다.

JPG 파일(CMYK, RGB 지원)

투명한 배경의 PNG 파일(RGB만 지원)

CHAPTER 3 일러스트레이터로 캐릭터 만드는 법

✛ 알아두면 좋은 핵심 도구

일러스트레이터는 벡터 방식의 프로그램으로, 심플한 캐릭터와 로고를 제작할 때 아주 유용합니다. 가장 많이 쓰는 작업방식은 스케치한 이미지의 레이어를 아래에 놓고 그 위에 새로운 레이어를 추가해 펜 도구 등으로 패스(Path)를 그리는 방식입니다. 패스는 '길, 경로'라는 뜻으로 시작점과

선택 도구(단축키 V)
• 오브젝트의 크기를 조정 및 회전, 선택해 다른 곳으로 옮길 때 사용

펜 도구(단축키 P)
• 오브젝트를 그리는 도구로 가장 많이 사용

도형 도구(단축키 M)
• 사각형, 모서리가 둥근 사각형, 원형 등을 그릴 때 사용하는 도구

문자 도구(단축키 T)
• 글자를 다양한 형식으로 입력하는 도구

면 채우기
• 면 색상을 선택하는 도구

직접 선택 도구(단축키 A)
• 일부 오브젝트를 선택해 작업할 때, 기준점과 세그먼트를 선택할 때 사용

브러시 도구(단축키 B)
• 일반적인 패스에 다양한 선과 붓 터치 느낌을 내며 그릴 수 있는 도구

스포이드 도구(단축키 I)
• 오브젝트에 적용된 색 속성을 추출해 다른 오브젝트에 적용할 수 있는 도구

돋보기 도구(단축키 Z, 확대: Ctrl + '+', 축소: Ctrl + '-')
• 작업 창을 확대 혹은 축소시킬 수 있는 도구

면 색과 테두리 바꾸기(단축키 Shit + X)
• 면 색과 선 색을 교체 시 사용하는 도구

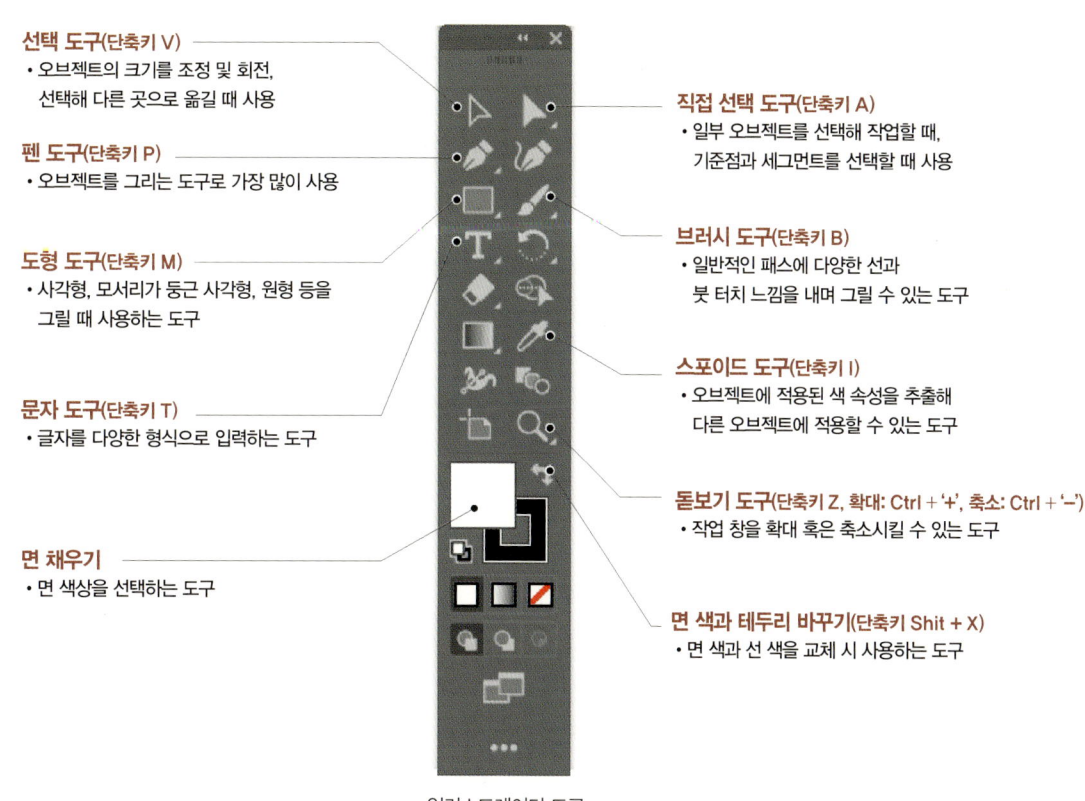

일러스트레이터 도구

도착점 사이를 잇는 선을 일컫습니다.

포토샵처럼 드로잉, 붓 선, 연필 선 등 다양한 터치 느낌을 낼 수 있습니다. 다만 초보자에게 조금 어려울 수도 있으니 포토샵으로 어느 정도 스킬을 익힌 다음에 일러스트레이터를 활용하는 것이 좋습니다.

✛ 캐릭터 그리기 전, 먼저 펜 도구 이해하기

일러스트레이터에서 핵심적인 펜 도구를 활용해 캐릭터를 그려봅니다. 펜 도구는 점과 점을 패스로 연결하는 드로잉 도구입니다. 점과 점을 패스로 연결, 도착점과 시작점이 만나면 원하는 도형(닫힌 패스)이 만들어집니다. 나중에 캐릭터를 그리거나 스티커를 제작할 때 칼선을 만드는 데도 펜 도구는 유용하게 활용됩니다.

① 직선 그리기

펜 도구로 아트보드 빈 공간에 클릭하면 시작점이 생깁니다. 그다음 위치를 클릭하면 직선이 생깁니다.

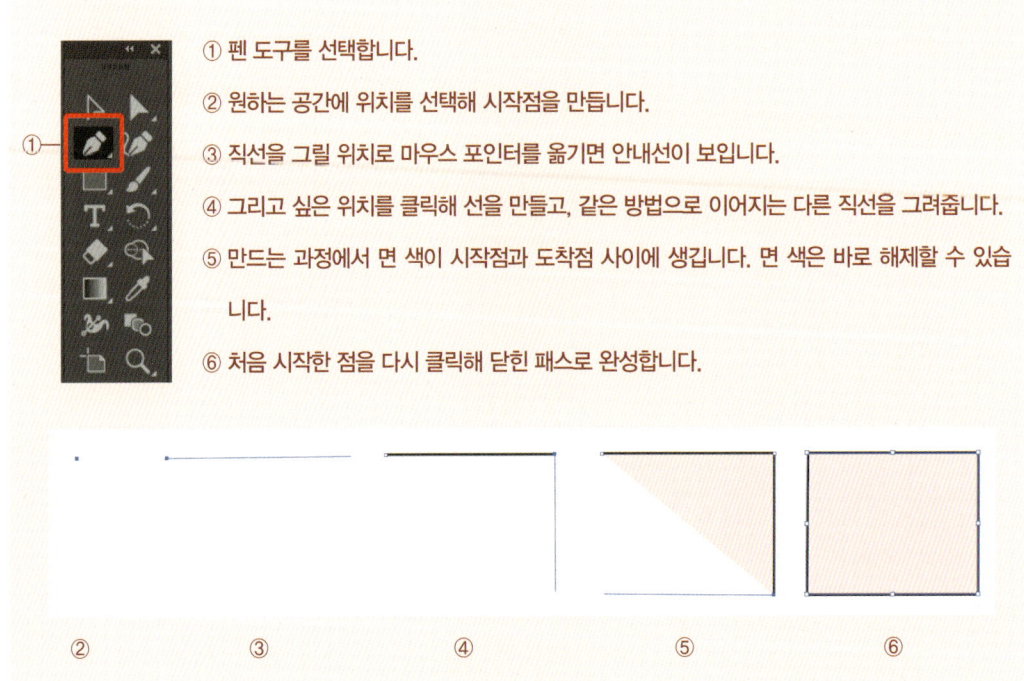

① 펜 도구를 선택합니다.

② 원하는 공간에 위치를 선택해 시작점을 만듭니다.

③ 직선을 그릴 위치로 마우스 포인터를 옮기면 안내선이 보입니다.

④ 그리고 싶은 위치를 클릭해 선을 만들고, 같은 방법으로 이어지는 다른 직선을 그려줍니다.

⑤ 만드는 과정에서 면 색이 시작점과 도착점 사이에 생깁니다. 면 색은 바로 해제할 수 있습니다.

⑥ 처음 시작한 점을 다시 클릭해 닫힌 패스로 완성합니다.

②   ③   ④   ⑤   ⑥

② 곡선 그리기

일러스트레이터에서 드로잉 및 캐릭터를 제작할 때 곡선 그리기는 아주 중요한 역할을 합니다. 직선을 그리는 방식과 동일하며, 시작점과 도착점 사이에 곡선을 그릴 수 있습니다. 직선과 다르게 다음 연결점에서 마우스를 떼지 않고 그대로 움직이면 곡선이 만들어집니다.

① ② ③ ④ ⑤

① 펜 도구를 선택하고 아트보드에 시작점을 만듭니다.

② 그리고 싶은 공간에 위치를 선택해 마우스 포인트를 이동합니다.

③ 클릭하고 마우스를 누른 상태로 움직여 원하는 곡선을 만들어줍니다.

④ 연결한 점의 위치에 클릭하면 안내선이 곡선 모양을 미리 보여줍니다.

⑤ 원하는 곡선이 그려진 것을 확인하고 클릭하면 곡선이 완성됩니다.

✦ 캐릭터 제작 전 오브젝트 이해하기

일러스트레이터에서 벡터 방식이란 점, 선, 면이 모여서 하나의 이미지를 만들어내는 것을 말합니다. 이렇게 만들어진 이미지를 '오브젝트'라고 부릅니다. 기본적으로 일러스트레이터의 오브젝트 구성을 보면 면과 선으로 이루어져 있으며, 점, 선, 면을 '패스'라고 부릅니다. 일러스트레이터에서 캐릭터를 제작하려면 먼저 오브젝트를 선택하고 변형하는 방법을 알아야 합니다. 오브젝트를 선택하는 도구에는 선택 도구와 직접 선택 도구가 있습니다.

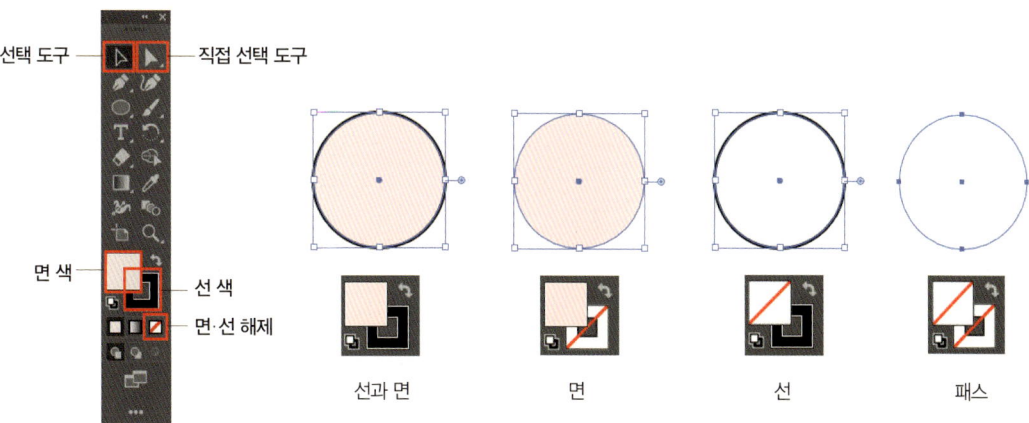

선택 도구   직접 선택 도구

면 색   선 색

면·선 해제

선과 면   면   선   패스

■ 선택 도구

일반적으로 오브젝트를 선택, 이동, 변형할 때 선택 도구를 사용합니다. 반드시 선택 도구로 오브젝트를 선택해야만 이동이나 변형 등의 작업이 가능하도록 활성화됩니다. 면과 색을 바꾸거나, 오브젝트를 회전하거나, 크기를 쉽게 조절할 수 있습니다.

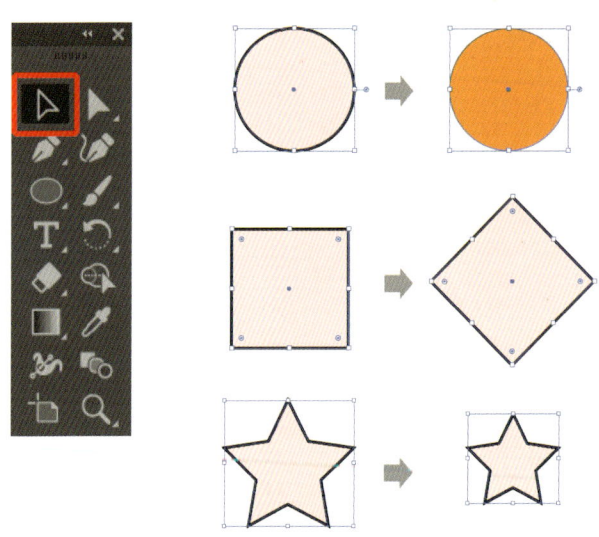

■ 직접 선택 도구

오브젝트 중에서도 개별 고정점이나 선분을 선택하여 오브젝트를 수정하거나 변형할 수 있습니다. 이미지를 만들거나, 캐릭터 제작에 많이 활용하는 도구입니다.

　선택 도구는 오브젝트 전체를 선택하는 기능이고, 직접 선택 도구는 오브젝트 중에서도 한 점만 선택할 수 있는 편리한 기능입니다.

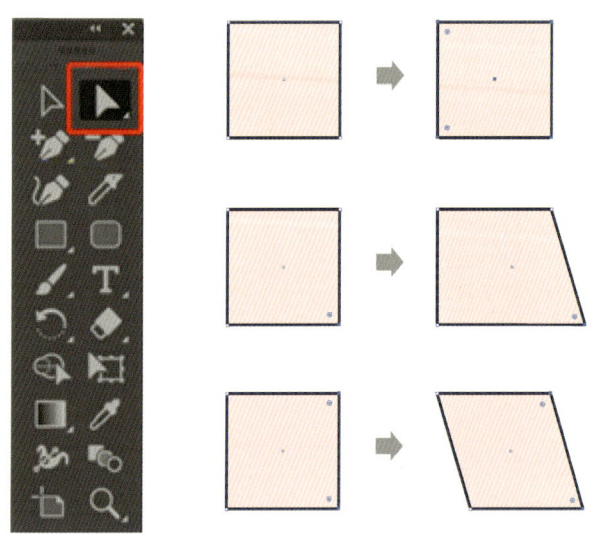

✚ 캐릭터에 색상 적용하기

일러스트레이터에서 패스를 사용해 오브젝트에 색상을 입힐 수 있습니다. 선과 면으로 된 오브젝트는 도구와 패널에서 색상을 적용하고, 해제할 수 있습니다.

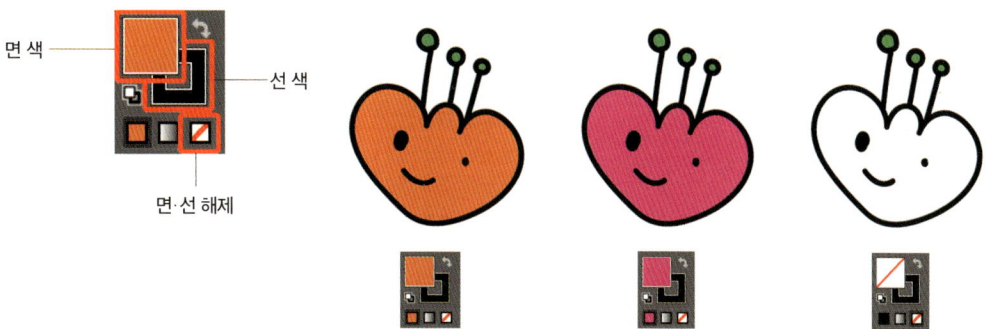

면 색 / 선 색 / 면·선 해제

- 도구 패널에서 각각 클릭하면 위로 올라와 있는 색을 변경할 수 있습니다.
- 위로 올라와 있는 상태에서 오브젝트 선과 면의 색을 변경하고 삭제할 수 있습니다.
- 색상 부분을 더블클릭하면 색상 피커가 나오는데, 여기서 원하는 색상을 고를 수 있습니다.
- 견본(색상) 패널에서도 선택할 수 있습니다.

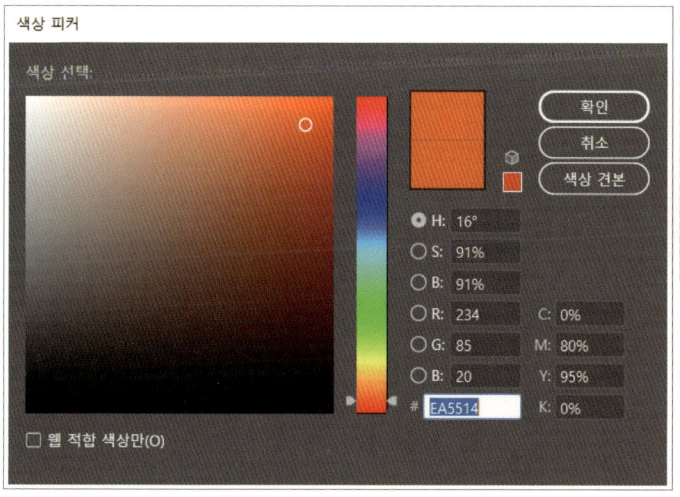

➕ 윈도우에서 패널 열기

자주 사용하는 패널을 오른쪽 위쪽에 놓고 사용하면 좀 더 효율적으로 제작할 수 있습니다. 상단 메뉴 바에서 윈도우를 선택해 불러옵니다. 캐릭터 제작할 때 주로 많이 사용하는 메뉴 몇 개를 정리해보았습니다.

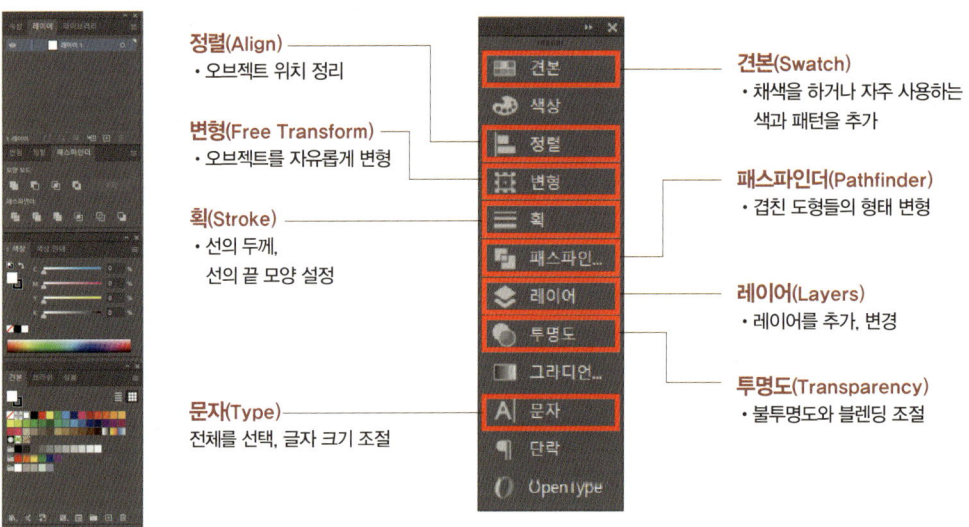

정렬(Align) — • 오브젝트 위치 정리

변형(Free Transform) — • 오브젝트를 자유롭게 변형

획(Stroke) — • 선의 두께, 선의 끝 모양 설정

문자(Type) — 전체를 선택, 글자 크기 조절

견본(Swatch) — • 채색을 하거나 자주 사용하는 색과 패턴을 추가

패스파인더(Pathfinder) — • 겹친 도형들의 형태 변형

레이어(Layers) — • 레이어를 추가, 변경

투명도(Transparency) — • 불투명도와 블렌딩 조절

➕ 스케치한 이미지를 활용해 캐릭터 그리기

일러스트레이터에서 가장 많이 활용하는 작업 스타일은 스케치한 그림을 레이어 밑에 놓고 그 위에 레이어를 새로 추가해 패스로 그리는 방식입니다. 많이 사용하는 도구는 펜과 브러시가 있습니다. 펜 도구로 그리는 방법을 알려드릴게요.

1 상단 메뉴에서 [파일]-[뉴] 또는 단축키 [Ctrl] + [N] 을 눌러 새로운 창을 만듭니다.

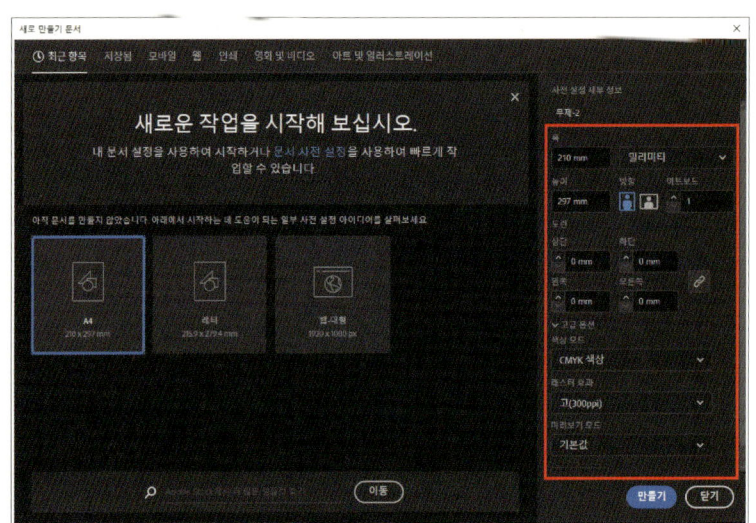

2 스케치 이미지 파일을 [파일]-[가져오기] 하거나, 폴더에 있는 이미지를 드래그하여 쉽게 불러올 수 있습니다. [윈도우]-[투명도] 패널을 엽니다. 불투명도를 조절해 캐릭터 스케치를 흐리게 해 쉽게 그릴 수 있도록 합니다.

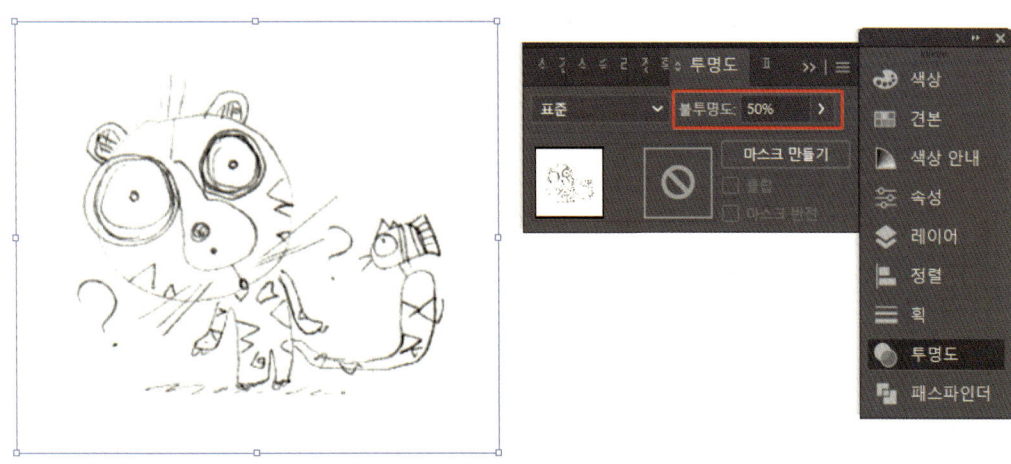

3 [윈도우]-[레이어]를 눌러서 창을 켜줍니다. 스케치한 이미지 레이어 위에 새로운 레이어를 추가하고, 스케치 레이어는 잠급니다. 레이어를 잠그면 수정하거나 움직일 수 없습니다.

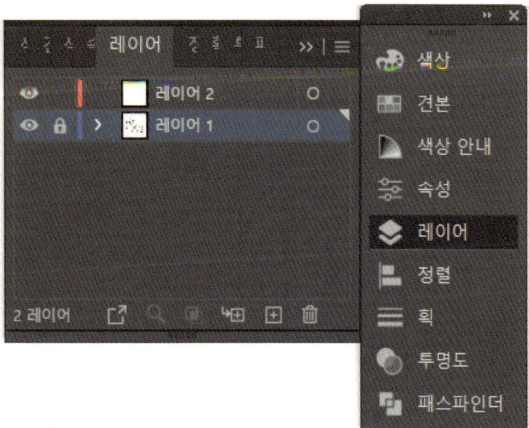

4 이제 캐릭터의 얼굴을 그려보겠습니다. 선은 그리기 쉽게 눈에 잘 띄는 붉은색으로 설정하고, 면은 '없음'으로 해서 펜 도구를 클릭합니다. 획(Stroke)은 1로 설정해 그릴 준비를 합니다. 그런 다음 캐릭터 얼굴의 시작점을 찍습니다.

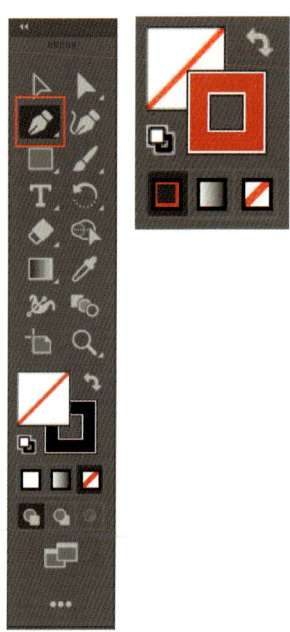
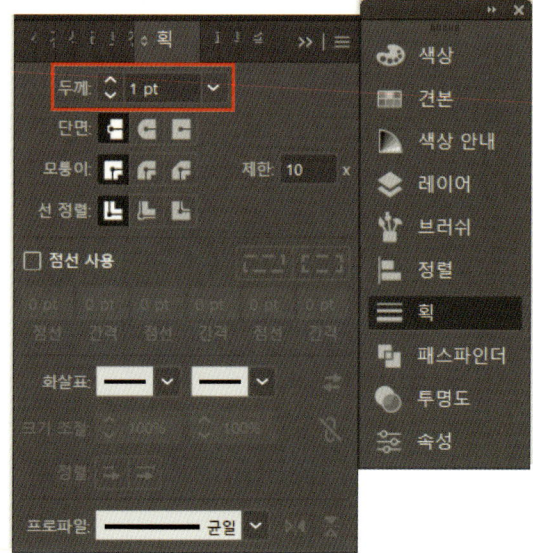

두 번째 점을 찍을 때, 마우스로 드래그를 해 캐릭터 얼굴 형태에 따라 자연스럽게 곡선으로 그립니다. 이때 핸들 포인트가 생기는데 Ctrl 을 누른 상태로 핸들 포인트를 조절하면 원하는 곡선을 쉽게 만들 수 있습니다. 혹은 직접 선택 도구를 이용해 앵커 포인트를 선택 및 수정할 수 있습니다.

다시 시작점으로 오면 펜 도구 모양이 보입니다. 시작점을 클릭하면 닫힌 패스의 얼굴선이 완성됩니다. 펜 도구로 눈, 코, 입과 문양, 수염 등 나머지도 그려줍니다.

얼굴에 있는 문양, 직선은 드래그하지 않고 포인트만 찍어 그릴 수 있습니다. 시작점으로 돌아가지 않고 Enter 를 누르면 완료됩니다.

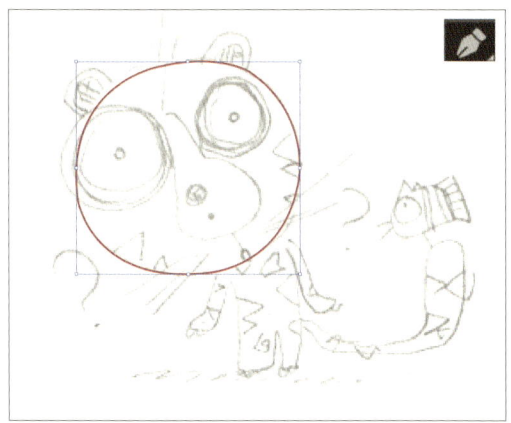

5 원 형태의 캐릭터 얼굴과 얼굴에 있는 문양을 선택합니다. 마우스를 드래그하여 한 번에 선택하거나 Shift 를 누르면 선택을 추가할 수 있습니다. 패스 두 개를 동시에 선택한 후 [윈도우]-[패스파인더]를 클릭해 창을 열고 나누기[Divide]를 눌러 면을 나눕니다. 면을 나누면 얼굴과 문양 면의 개체가 달라져 색상을 개별로 정할 수 있습니다. 캐릭터를 제작할 때 많이 쓰는 방법이니 꼭 알아두면 편리합니다.

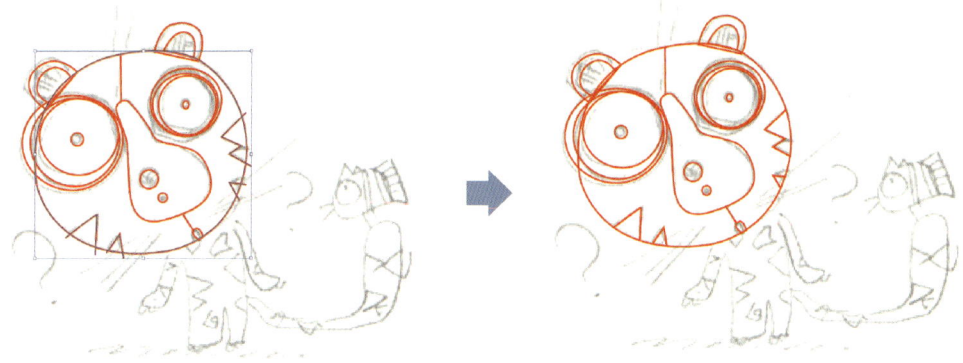

[패스파인더]-[Divide] 적용 전과 [패스파인더]-[Divide] 적용 후

 일러스트레이터의 핵심, 패스파인더

캐릭터 제작할 때 많이 이용하는 패널입니다. 원하는 이미지를 만들 때 오브젝트를 합치거나 나눌 때가 많습니다. 이럴 때 패스파인더 패널을 이용합니다.

[윈도우]-[패스파인더] 메뉴를 선택하면 패스파인더 패널이 뜹니다. 패널에는 다양한 기능이 있지만, 주로 사용하는 합치기와 나누기를 알아볼게요.

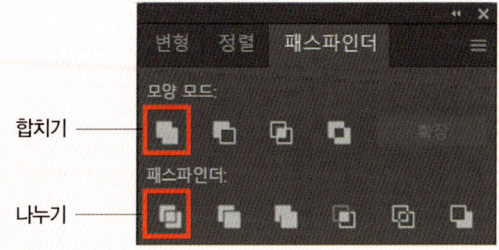

■ **오브젝트 합치기**

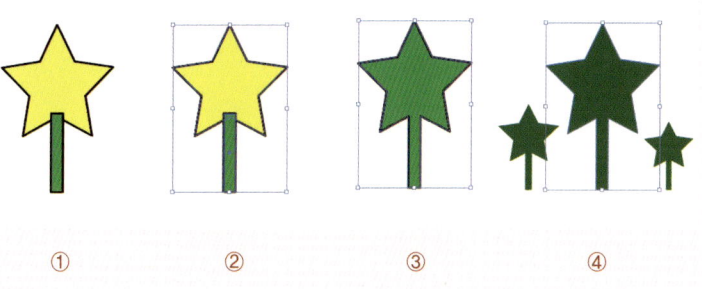

①   ②   ③   ④

① 도형 도구에서 별 모양과 직사각형 모양을 겹쳐 별나무 모양을 만듭니다.

② 두 오브젝트를 선택해 [패스파인더] 패널에서 합치기를 합니다.

③ 두 면이 합쳐지면서 한 면의 별나무 모양이 됩니다.

④ 원하는 색을 골라 완성합니다.

■ 오브젝트 나누기

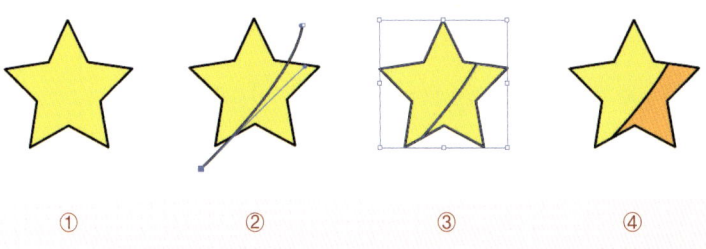

① ② ③ ④

① 별 모양 도구로 별을 그립니다.

② 펜 도구를 이용해 별을 가로지르는 곡선을 그립니다.

③ 별과 선을 모두 선택해, [패스파인더] 패널에서 나누기합니다.

④ 나누어진 두 면은 그룹에 속해 있어 직접 선택 도구로 오브젝트에 색을 지정해 완성합니다.

6 눈, 코, 입, 머리와 문양을 순서대로 선택 도구에서 골라 면 색상을 지정합니다. 색상 견본 패널을 열어 색상을 지정해 돼랑이 코를 만들어줍니다.

7 그다음으로 양쪽 귀를 선택해 Ctrl + G를 눌러 그룹
으로 묶고, Ctrl + [를 눌러 뒤로 보내줍니다.

8 도형 도구의 원과 선으로 눈을 그리면서 획 옵션 패널에서 두께를 다양하게 조정해 좀 더 재미와 개성을 주
었습니다. 수염도 선의 굵기를 다르게 해 변화를 주었습니다. 작업 중간중간 조금씩 형태와 색상을 바꿔 완
성도를 높입니다.

눈 한쪽은 노란색으로 변화를 주어 시선을 끌게 표현합니다. 수염과 머리카락은 [Cap]과 [Corner]에서 둥
근 것을 선택해 수염 끝을 둥글게 만듭니다.

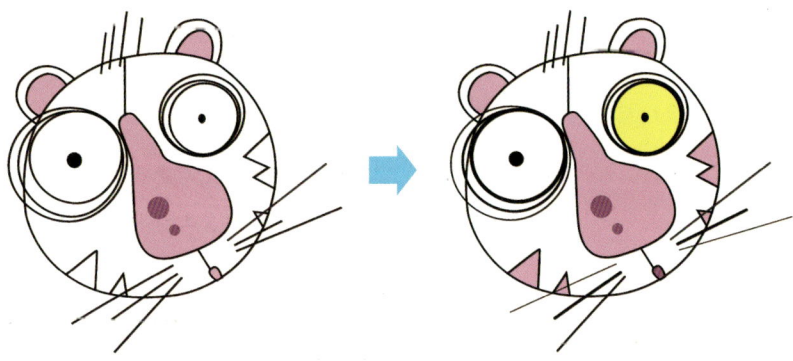

9 펜 도구로 몸통과 다리, 꼬리를 완성합니다. 펜 도구 선으로 몸통을 그린 다음 꼬리까지 그려줍니다. 몸체와
꼬리는 얼굴보다 뒤에 있으므로 가려진 부분을 고려하며 완성해갑니다. 다양한 크기의 문양(패턴)을 만들어
호랑이의 특징을 만듭니다. 보조 캐릭터 새를 구성해 좀 더 재미를 줍니다.

10 몸과 문양 두 개를 동시에 선택해 패스파인더를 다시 눌러 면을 나눈 후 색상을 지정합니다. 꼬리 부분도 문양과 동시에 선택해 면을 나눕니다.

몸통과 문양을 선택, 면으로 나누기

꼬리와 문양을 선택, 면으로 나누기

11 몸통과 꼬리를 선택해 Ctrl + G 를 눌러 그룹으로 묶고, Ctrl + [를 눌러 몸통과 꼬리를 얼굴 뒤로 가게 합니다.

12 개체 면마다 색상을 지정하기 위해
[Shift] + [Ctrl] + [G]를 눌러 그룹을 해체합니다.

13 직접 선택 도구로 면을 하나씩 클릭하며 몸통, 꼬리, 문양 순서로 선이 아닌 면으로 색상을 지정합니다.

14 같은 색상을 넣기 위해 [Shift]와 [직접 선택 도구]를 동시에 누르면서 면을 클릭해 색상을 정합니다.

15 붓선으로 물음표를 그려 재미를 더합니다. 획 패널을 열어 두께와 크기를 조절해 완성도를 높입니다.

16 그림을 완성한 후 레이어 패널에서 스케치 이미지 레이어의 눈 모양 아이콘을 클릭해 꺼주거나, 쓰레기통 아이콘을 눌러 삭제합니다.

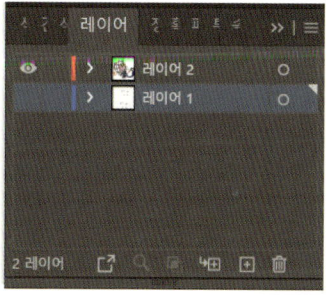

17 마지막으로 선이 패스로 살아 있는 데, 면으로 바꿔줘야 축소나 확대를 하더라도 본래의 이미지가 그대로 있습니다. [오브젝트]-[패스]-[윤곽선] 메뉴를 선택해 선의 속성을 면으로 변경합니다. 선 위주의 캐릭터를 제작할 때 많이 쓰는 방법이니 기억해두세요.

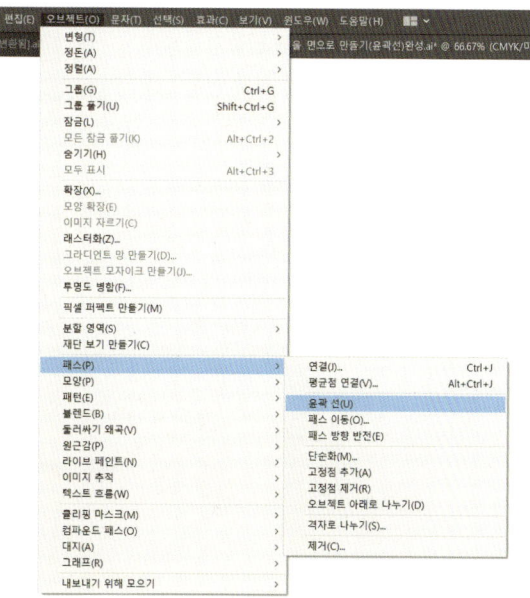

선이 패스로 살아 있는 경우(축소&확대): 선의 굵기가 달라져 형태가 보기 안 좋음

선의 속성을 면으로 변경한 경우(축소&확대): 축소나 확대를 해도 선의 굵기가 유지

18 [파일]-[저장하기] 또는 단축키 Ctrl + S 를 눌러 일러스트레이터 원본 파일로 저장합니다. 형식은 AI 파일로 저장해야 벡터가 살아 있어 나중에 재편집이나 수정을 할 수 있습니다. 이렇게 펜 도구만 활용해도 얼마든지 나만의 개성 있는 캐릭터를 쉽게 만들 수 있습니다.

캐릭터를 스케치한 다음 일러스트레이터 프로그램에서 오브젝트를 그리는 펜 도구로 캐릭터를 페인팅해 보세요.

(굿즈 제작 파일을 인쇄업체에 맡길 때는 일반적으로 AI 원본 파일이나 PDF 파일로 업로드해야 합니다. PDF를 만들 때는 Shift + Ctrl + S 를 눌러 만듭니다. 인쇄업체마다 프로그램 버전이 달라서 AI로 주문할 때는 버전을 낮춰서 저장합니다.)

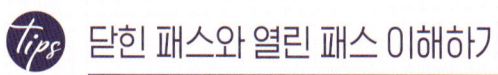 닫힌 패스와 열린 패스 이해하기

'닫힌 패스'는 패스가 완성된 형태를 이루는 오브젝트를 말하며, '열린 패스'는 한쪽이 뚫린 형태의 오브젝트를 말합니다.

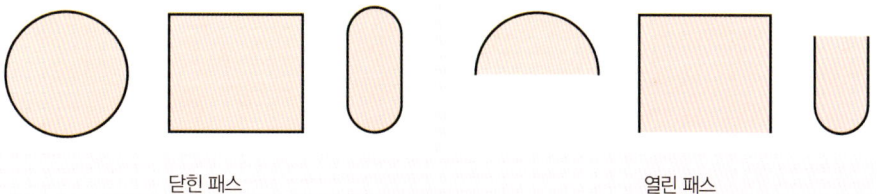

닫힌 패스   열린 패스

오브젝트는 기본적으로 닫힌 패스입니다. 그러나 캐릭터 제작을 위해 열린 패스를 활용할 때가 있습니다. 특히 몸과 팔을 만들 때 자연스러운 연결을 위해 열린 패스를 활용합니다.

팔과 몸을 열린 패스로 표현

Goods
PART
4

내가만든캐릭터로
인생굿즈만들기

굿즈 만들기 전에 알아야 할 4가지

✚ 컬러 모드 CMYK와 RGB

굿즈를 제작하기 위해서는 인쇄용과 디지털용 컬러 모드의 개념을 이해한 다음 제작에 들어가야
합니다.

CMYK 모드   RGB 모드

① 인쇄는 CMYK

CMYK는 물감(잉크)의 배합 원리에 따른 색입니다. 사이언(Cyan), 마젠타(Magenta), 옐로
(Yellow), 블랙(Black)의 조합이라고 이해하면 됩니다. 주로 인쇄할 때 사용되며, 색을 섞을수록 어
두워지는데 모든 색을 섞으면 검은색이 됩니다.

　간혹 포토샵 혹은 일러스트레이터 프로그램에서 자신도 모르게 RGB 컬러 모드로 작업하고 인
쇄물을 출력할 때가 있는데, 모니터에서 보던 색상과 인쇄 결과물이 다르게 나올 확률이 높습니다.

　RGB 컬러 모드에서만 구현할 수 있는 형광 느낌의 색을 사용했다면 인쇄물에서는 똑같이 나오

지 않습니다. 인쇄할 목적으로 디지털에서 작업할 때는 색의 3원색을 이용하는 CMYK 모드로 작업해야 정확한 색을 만들 수 있습니다.

정확한 색상 결과를 원한다면 작업하기 전에 어떤 용도로 사용할 것인지를 정하고 색상 모드를 선택해 진행해야 합니다.

색상이 왜곡된 이미지(좌)와 인쇄를 위한 CMYK 원본 이미지(우)

② 디지털은 RGB

RGB는 빛의 삼원색입니다. 빨간색(Red), 초록색(Green), 파란색(Blue)을 조합해 주로 디지털 영상물이나 이미지를 표현할 때 활용됩니다.

앞서 이야기한 CMYK는 색을 섞을수록 어두워지는 반면, RGB는 섞을수록 밝아지는 특징이 있습니다. 그 이유는 빛의 삼원색이기 때문입니다. 빛은 섞을수록 흰색에 가까워집니다. 웹이나 모니터에서만 쓰이는 작업이라면 RGB 모드를 사용합니다.

✚ 굿즈 제작을 위해 후가공 이해하기

굿즈를 인쇄할 때 마지막에 하는 작업이 후가공입니다. 어떤 후가공을 할지는 굿즈 제작 첫 단계부터 고민해야 합니다. 단순히 시선을 끌거나 멋을 내려는 의도가 아니라 캐릭터의 방향성과 굿즈 제작 및 판매 목표에 맞춰 진행해야 합니다. 후가공에는 다양한 종류와 방법이 있습니다. 코팅, 박, 에폭시, 형압, 타공, 귀도리, 접지, 오시, 도무송, 미싱 등이 있습니다. 기존 인쇄물에 후가공을 더하면 좀 더 기능적이고, 효과적인 굿즈가 나오겠죠?

① 코팅

'라미네이팅'이라고도 합니다. 제작물의 완성도를 높이면서 내구성과 변색 방지, 광택 등 다양한 장점이 있습니다. 표지나 명함, 초청장에 많이 사용됩니다.

② 박

종이 위에 특정 포인트를 강조할 때 많이 쓰이는 방식입니다. 제작 방식은 특정 부위에 사용되는 박(금, 은, 홀로그램 등)을 얇게 펴놓고 알루미늄판으로 압력을 가해 가공하는 방법입니다. 작업의 효과를 극대화하기 위해 코팅한 후 해야 하며, 화려하고 고급스러운 결과물을 원할 때 효과적입니다.

박과 별색의 차이점

- **별색**: 4원색 이외의 색상을 잉크에 혼합한 상태로 인쇄할 때 사용(형광, 금색, 은색 등의 별도의 색).
- **박**: 아주 작고 얇은 비닐을 열과 압력으로 눌러 붙이는 것.

 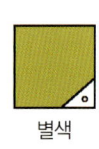

별색

③ 에폭시

특정 부위에 송진 용액을 부은 후 열처리를 한 돌출 인쇄를 말합니다. 일반적인 코팅보다 두꺼워서 원하는 포인트를 강조해줘 입체감을 느낄 수 있습니다.

④ 형압

형압은 디폭시와 에폭시로 구분되는데, 종이 표면에 음각과 양각으로 압력을 가해 입체적인 효과를 주는 것을 말합니다. 종이의 질감을 그대로 살려 은은하고 고급스러운 느낌을 줍니다. 명함, 청첩장, 초대장, 연하장 등 다양한 인쇄물에 사용됩니다.

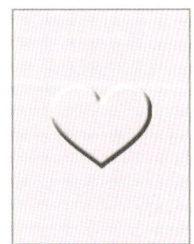

⑤ 타공

인쇄물에 구멍을 내는 것을 말합니다. 인쇄물에 고리를 꿰어야 할 때 주로 사용되는데, 탁상달력에 스프링 철을 하기 위해 구멍을 뚫거나, 의류에 태그(Tag)를 달기 위해 구멍을 내고 끈으로 연결합니다. 이때 필요한 후가공이 타공입니다.

⑥ 귀도리

인쇄물의 각진 모서리를 둥글게(라운드) 하는 가공 방법입니다. 귀엽거나 부드럽고, 우아한 느낌을 줍니다. 인쇄물로는 아동 책, 명함 등에 많이 사용됩니다. 원하는 모서리에 귀도리를 할 수 있습니다.

⑦ 접지

인쇄업체에서 종이를 접는 것까지 완성해주는 방법입니다. '오시'만 선택하면 접는 부분만 표시된 채 펼쳐진 상태로 와서 직접 일일이 접어야 하는 번거로움이 있습니다. '접지'를 선택하면 접힌 상태로 결과물이 나옵니다.

⑧ 오시(누름선)

누름선이라고도 합니다. 카드, 리플렛과 같이 인쇄물을 접어야 할 때 정해진 모양으로 접을 수 있도록 누름 자국을 주는 방법입니다. 접지 작업 중에 종이가 터질 수 있기 때문에 반드시 오시 가공을 거쳐야 합니다.

⑨ 미싱

입장권, 쿠폰 등에 쓰이는 후가공으로, 쉽게 하나하나 떼어내거나 자를 수 있는 안내선 같은 역할을 합니다. 인쇄물의 절취선에 따라 재단해놓는 가공법입니다.

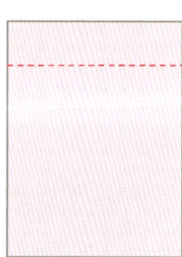

⑩ 도무송

인쇄물을 특정 모양이나 형태로 재단하는 가공 방법입니다. 보통 스티커나 박스를 제작할 때 많이 쓰입니다. 원하는 모양대로 칼선을 내어 찍어낼 수 있습니다.

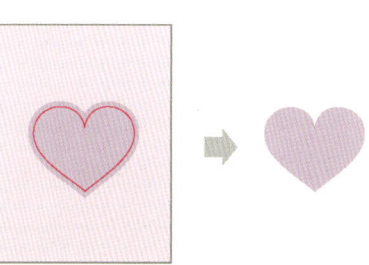

⑪ 합판과 독판

- 합판: 여러 인쇄물을 한 번에 모아 인쇄하는 것을 말합니다. 주변 작업물에 영향을 주기 때문에 색상이 다르게 인쇄될 수 있습니다.
- 독판: 한 번에 하나의 디자인만 인쇄하는 것을 말합니다. 색을 맞출 수 있는 장점이 있지만 가격이 높아집니다.

⑫ 인쇄 도수

인쇄할 때 C, M, Y, K 4가지 색상 중 어떤 색상을 몇 가지 사용하는지에 따라 인쇄의 도수가 결정됩니다.

CMYK(4도)   K(1도)

- **단면 1도**: 앞면에 K(1도)만 사용한 흑백
- **양면 2도**: 앞, 뒷면에 K(1도)만 사용한 흑백
- **단면 4도**: 앞면에만 CMYK(4도)를 사용한 컬러
- **양면 5도**: K(1도)만 사용한 흑백 면 + CMYK(4도)를 사용한 컬러 면
- **양면 8도**: 앞, 뒷면 모두 CMYK(4도 + 4도)를 사용한 컬러

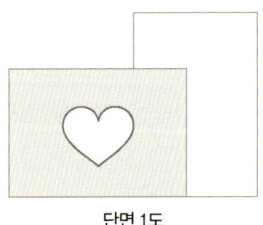

단면 1도
앞면에 K(1도)만 사용한 흑백

양면 2도
앞, 뒷면에 K(1도)씩 사용한 흑백

단면 4도
앞면에만 CMYK(4도)를 사용한 컬러

양면 5도
앞면 CMYK(4도) + 뒷면 K(1도)

양면 8도
앞면 CMYK(4도) + 뒷면 CMYK(4도)

✦ 굿즈 제작할 때 유의할 점

나만의 호감 만점 캐릭터를 만들었다면 이제 갖고 싶은 굿즈로 확장할 단계입니다. 캐릭터만 붙인다고 해서 굿즈가 되는 것은 아닙니다. 굿즈 품목이 캐릭터의 콘셉트와 개성과 서로 어우러져야 빛이 나는 법이죠.

캐릭터 제작부터 발주까지 해보는 과정을 통해 소량의 굿즈를 만들어봅니다. 퇴근 후 집에서 할 수 있는 일이라 따로 작업실이나 공방을 빌리거나 차리지 않아도 됩니다. 향후 1인 부업 혹은 창업으로 발전할 수도 있습니다.

나의 캐릭터 브랜드를 만들어 굿즈 제작을 통해 이와 관련 있는 기업과 컬래버레이션을 할 수도 있고, 판매할 수도 있습니다. 소소한 수익은 물론 재미와 보람이 있습니다.

제작 과정을 살펴보면서 나만의 캐릭터 굿즈를 기획 및 설계해보세요. 참신하면서 갖고 싶은 굿즈를 제작할 때 꼭 알아야 할 점도 정리해볼게요.

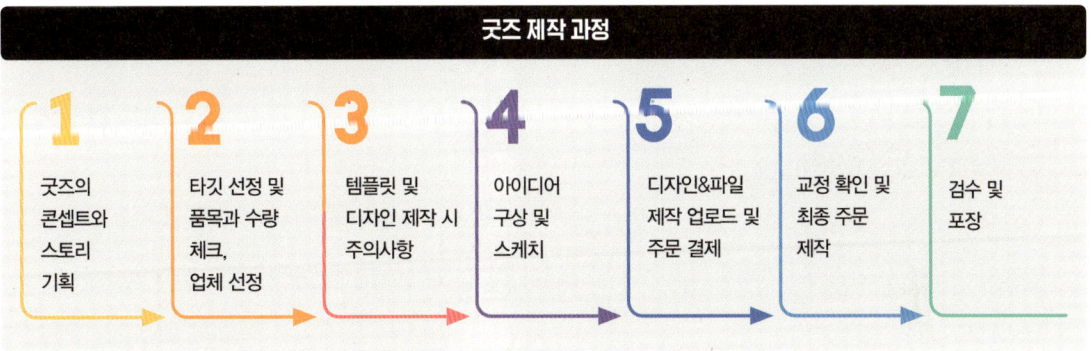

① 굿즈의 콘셉트와 스토리 기획

굿즈 또한 캐릭터처럼 콘셉트와 스토리가 있어야 합니다. 굿즈와 캐릭터가 따로따로가 아니라 하나가 되어야 합니다. 캐릭터는 명랑한 느낌인데 굿즈는 어두침침한 색채에다 우울하고 차갑다면 캐릭터의 생명력이 이어지지 않아 결국 구매층이 외면하겠죠? 캐릭터와 굿즈 사이에 일관성과 조화가 있어야 합니다. 캐릭터와 굿즈는 하나의 가족이자 언어입니다. 또한 캐릭터를 더욱더 꽃을 피우는 과정이라 할 수 있습니다.

나만의 캐릭터와 주제를 잡았다면 굿즈 또한 하나의 확장자로서 함께하는 동반자로 만들어야 합니다.

저는 크게 '긍정 인생', '유유자적'이라는 주제로 호감 만점 캐릭터의 스토리와 세계관을 잡았습니다. 이에 따라 굿즈도 밝고 긍정적인 기운이 가득한 이미지로 담아냈습니다. 누가 보든 기분 좋

자연 소재, 유유자적 콘셉트를 활용한 돼랑이 캐릭터 굿즈

아지고 공감이 가도록 했습니다. 전체적인 색상 또한 밝은 돈으로 신택해 단순하고 귀여운 캐릭터와 연결되게 디자인했습니다.

이렇게 굿즈는 캐릭터의 콘셉트를 더욱더 명확하게 해주며, 캐릭터의 생명력을 연장하는 조력자입니다. 이러한 요소들을 고려해 기획한다면 누구나 갖고 싶은 매력적인 굿즈 결과물을 얻을 수 있습니다.

② 타깃 선정, 품목과 수량 체크, 제작업체 선정

일단 내가 만들 굿즈의 타깃을 정해야 합니다. 갖고 싶은 굿즈를 만들려면 누구를 타깃으로 할지 고려해 제작해야 합니다. 이 굿즈를 좋아하고 구매할 타깃이 정해지면 굿즈의 품목을 선택합니다. 초보자들이 쉽게 접근할 수 있는 그림엽서, 에코백 등으로 경험을 쌓은 뒤 제작 공정이 복잡한 쪽으로 나아갑니다.

이때 굿즈를 소량으로 제작하는 것을 권합니다. 처음엔 가족과 지인들에게 주는 선물용이나 소장용으로 만들어야 부담이 없습니다. 소량이어서 재고가 쌓이지 않고, 초반에 들어가는 전체 비용도 줄일 수 있습니다. 업체마다 주문 가능한 수량, 비용, 재질, 제작 기간 등이 다르므로 미리 알아보면서 자신의 캐릭터 콘셉트에 맞는 굿즈 품목을 잘 선택해 제작하면 됩니다.

30~40대 여성층을 겨냥한 긍정 인생 캐릭터 엽서 굿즈

③ 템플릿과 디자인을 제작할 때 주의할 점

인쇄 굿즈를 만들려면 작업의 크기를 정해야 합니다. 업체에서 제공하는 템플릿(Template, 디자인 서식 문서) 파일을 이용해 제작하거나 직접 디자인해서 파일을 만듭니다. 제작하기 전에 굿즈 디자인을 하는 데 필요한 작업선, 재단선, 안전선에 대한 용어를 알아둡니다.

업체에 인쇄 주문할 때 실제 인쇄물 크기보다 약간 여유가 있는 크기, 도련(여백)을 주고 작업해야 합니다.

재단하는 과정에서 종이가 밀리거나 비뚤어질 수 있어 생각처럼 자신이 원하는 인쇄물이 성공적으로 나오지 않을 때가 있습니다. 미리 인쇄하기 전, 여유 있는 크기로 작업해주어야 합니다. 작업선, 재단선, 안전선에 대한 개념을 알아볼게요.

오차를 고려하지 않고 재단선에 겹친 그림 · · · · · · 오차를 고려해 재단선 안에 여유 있게 배치한 그림

- **작업선**: 재단할 때 그림에 여백이 생기거나, 부분이 잘려나가는 것을 대비해 여유 있게 작업하기 위한 크기입니다. 보통 재단선보다 1~2mm씩 넓게 설정합니다. 포토샵에서 새 창을 만들 때 계획했던 그림 크기보다 1~2mm씩 여유를 둬야 합니다.
- **재단선**: 실제 인쇄할 영역입니다. 재단이 밀리지 않는 이상 이 영역까지 인쇄가 안전하게 됩니다.
- **안전선**: 인쇄물에 꼭 나와야 하는 그림은 안전선 안쪽에 배치합니다. 만약을 대비해 재단선보다 2mm 정도 안쪽으로 안전선을 설정하고 작업하는 것이 좋습니다.

④ 아이디어 구상 및 스케치

캐릭터 콘셉트를 잡고 굿즈 품목과 업체까지 선정했다면, 이제 본격적으로 작업을 합니다. 굿즈 콘셉트에 맞는 캐릭터 이야기를 시각화합니다. 아이디어를 구상하고, 스케치로 밑그림 작업을 합니다. 종이에 스케치한 후 스캔하거나 타블렛으로 바로 스케치합니다.

Designed by Artist CHOI KIL SOO

스티커 굿즈 제작을 위한 아이디어 스케치

⑤ 굿즈 디자인과 파일 제작, 파일 업로드, 주문 결제

캐릭터 굿즈 용도에 맞는 템플릿으로 디자인을 합니다. 예를 들어 부채 굿즈를 만들려면 업체를 선정한 후 템플릿을 다운받아 스케치한 이미지와 함께 디지털 프로그램(일러스트레이터와 포토샵 등)에서 캐릭터 이미지를 디자인합니다. 굿즈 제작업체마다 재단 및 도무송(칼선), 오시, 타공 등 후가공 표시 방법이 달라 업체를 선정하기 전에 미리 주문 사항을 확인하고 제작합니다.

　주문하기 전에 미리 샘플을 인쇄할 수 있다면 출력해서 실제 크기, 디자인, 색상, 오탈자 등을 확인합니다. 글자를 삽입한 그림 파일은 원하는 서체(글자)가 나오도록 외곽선을 설정해야 합니다. 그러지 않으면 글자가 깨져서 나올 수 있습니다. 외부에서 만든 그림과 사진 이미지는 래스터화 [Rasterize, 화소(픽셀) 패턴 이미지로 변환하는 것]해서 인쇄 사고를 방지합니다.

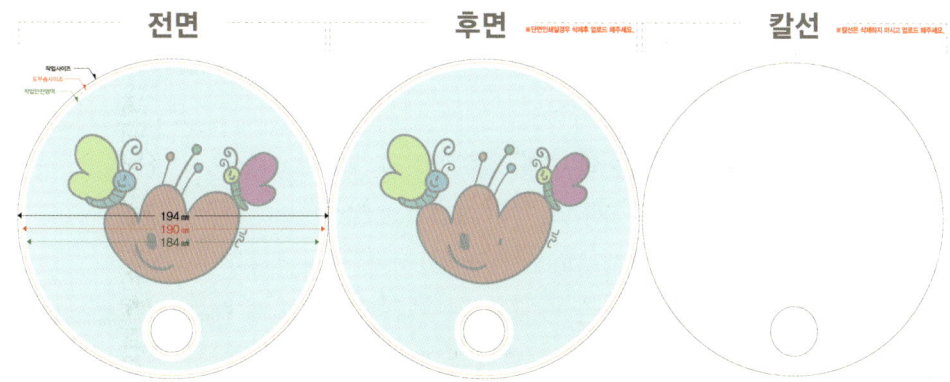

업체에서 제공하는 부채 템플릿 디자인 파일로 제작한 부채

⑥ 교정 확인한 후 최종 주문

굿즈 제작하기 전 인쇄업체에서 교정 확인을 요구하는 경우가 종종 있습니다. 색상이 잘못 나왔는지, 이미지가 빠지거나 구성이 잘못되었는지, 글자가 깨진 곳은 없는지, 후가공이 제대로 되었는지 등을 사전에 확인하는 등 꼼꼼하게 교정을 봐야 합니다.

굿즈 품목마다 제작 기간이 다르므로 인쇄업체에 파일을 넘기고, 배송받기까지 얼마나 시간이 걸리는지도 확인합니다.

어떤 굿즈냐에 따라 인쇄업체의 제작 기간이 다릅니다. 엽서와 명함 같은 지류 굿즈는 하루에도 가능하며, 과정이 복잡한 스티커나 에코백 등은 여러 날이 걸립니다. 작업 기간을 고려해 인쇄업체와 사전에 일정을 조율합니다.

⑦ 검수 및 포장

소량 주문이라도 다시 한번 검수해야 합니다. 이상이 있으면 업체와 협의해 다시 제작해야 합니다. 수량이 많더라도 하나하나 모든 제품의 검수를 확실히 진행해야 합니다. 색 번짐이 있는지, 이미지가 밀리거나 종이가 구겨지지 않았는지 등 검수를 통해 불량 제품을 빼고 나머지를 예쁘게 포장해 마무리합니다.

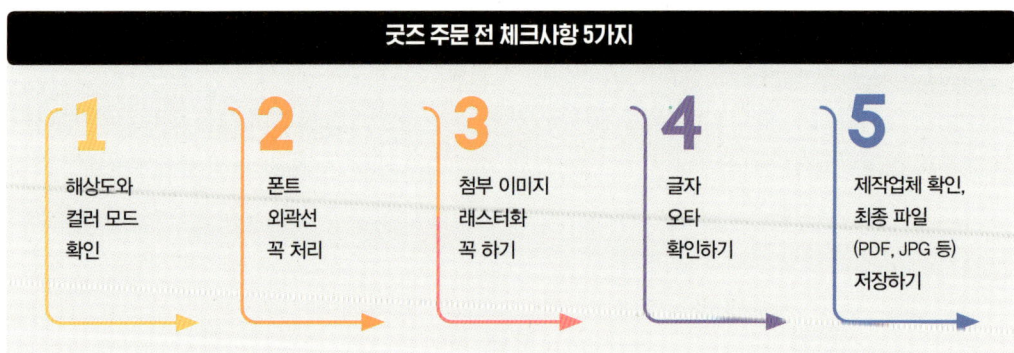

굿즈 주문 전 체크사항 5가지

1	**2**	**3**	**4**	**5**
해상도와 컬러 모드 확인	폰트 외곽선 꼭 처리	첨부 이미지 래스터화 꼭 하기	글자 오타 확인하기	제작업체 확인, 최종 파일 (PDF, JPG 등) 저장하기

✚ 굿즈 제작을 의뢰하기 전에 확인할 점

① 후가공, 제작물 수량, 포장 등 수작업 여부에 따라 제작 기간이 늘어날 수 있습니다.

② 금박·은박·먹박, 형압, 타공, 코팅 등 후가공이 추가되면 제작 기간이 늘어납니다.

③ 종이 인쇄물이 아닌 에코백, 배지, 자석, 펜 등은 제작물마다 제작 기간이 다릅니다. 최소 며칠 이상의 제작 기간을 염두에 두면 좋습니다. 인쇄업체 일정에 따라 제작 기간이 늘어날 수도 있습니다.

④ 명절 기간, 연초, 연말은 인쇄소가 바쁜 시기라 피해주세요.

⑤ 7월 말, 8월 초에는 휴가로 작업하지 않는 인쇄소, 후가공 업체가 많습니다.

⑥ 공휴일에는 인쇄소도 쉬는 점을 참고해주세요.

   굿즈 제작을 의뢰하기 전에 알아야 할 점을 확인했다면 이제 캐릭터 콘셉트에 알맞은 굿즈 상품을 직접 만들어볼까요? 명함, 엽서, 달력, 스티커, 그립톡, 머그컵, 에코백 등 나만의 캐릭터가 있으면 개성 있는 굿즈를 만들 수 있습니다.

캐릭터를 활용해 만든 머그컵, 핀버튼, 달력, 그림엽서, 스티커 등 다양한 굿즈

CHAPTER 2

나를 홍보하는 명함 만들기

 포토샵, 일러스트레이터 이용

✚ 깔끔한 양면인쇄 8도 명함 만들기

캐릭터를 만들었다면 홍보를 시작하기 전에 해야 할 일이 있습니다. 바로 자신의 명함을 만드는 거예요. 누군가를 만났을 때 나를 효과적으로 소개하는 손쉬운 방법입니다.

파트 3에서 포토샵으로 만든 캐릭터 이미지와 문자를 사용해 군더더기 없이 깔끔한 양면인쇄 8도 명함을 만들어볼게요.

✚ 만들어보세요

1 인쇄업체에서 제공하는 템플릿을 다운로드하거나, 일반적인 명함 크기인 90×50mm에 사방 인쇄 도련(여백) 2mm 정도를 더한 새 아트보드를 준비합니다.

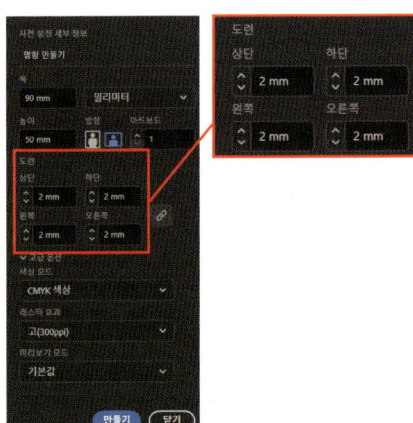

2 안전선 88×48mm의 새 레이어를 만든 다음 정렬 창을 열어 오브젝트를 가로세로 정렬로 중앙에 놓은 후 잠금해줍니다.

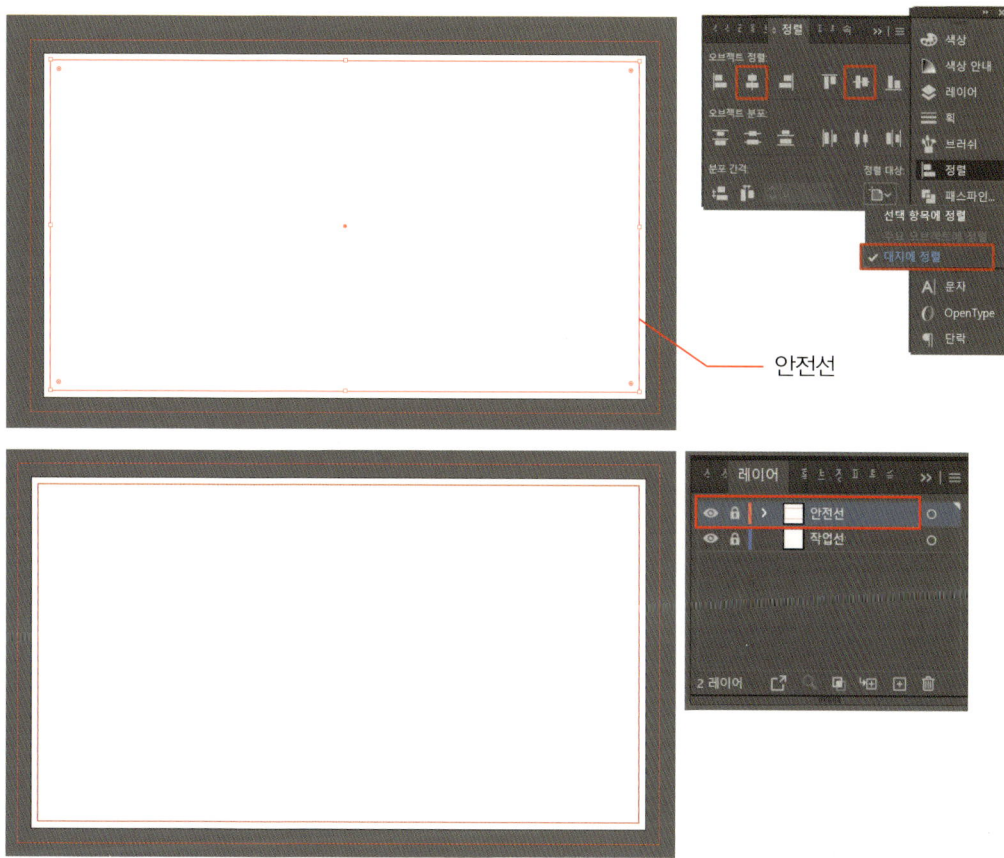

안전선

3 새 레이어에 미리 그려놓은 앞면 돼랑이 캐릭터 오브젝트 이미지를 불러옵니다. [파일]-[가져오기](Ctrl + Shift + P)를 합니다.

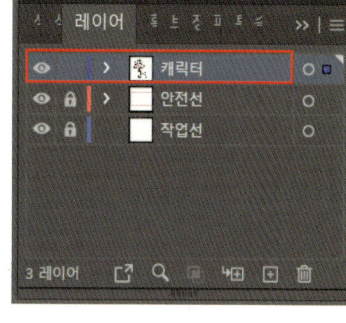

4 오브젝트 패널을 열어 돼랑이 오브젝트(첨부한 이미지)를 래스터화합니다.

5 도구 패널에서 문자 도구를 선택, 앞면에 이름과 직함, 전화번호 등을 디자인합니다. 서체와 색상을 정하고, 크기와 레이아웃을 조절해 보기 좋게 마무리합니다. 캐릭터 그림의 크기와 위치, 글의 정렬과 위치를 바꿔 가면서 효과적인 디자인을 선택하면 됩니다. 왼쪽 끝 맞추기, 오른쪽 끝 맞추기, 가운데 맞추기 또는 불균형 적인 위치로 구성하기 등 여러 가지로 만들어보고 가독성과 시각효과가 좋은 쪽으로 선택합니다.

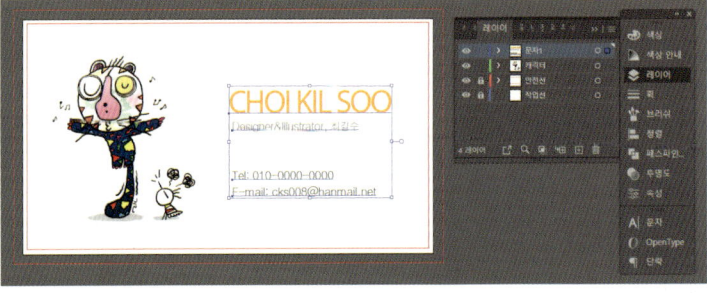

6 안전선, 작업선 레이어를 잠금에서 풀어준 다음 도구 패널에서 [대지 도구](Shift + O)를 열어 앞면 명함 전체를 선택합니다. 뒷면 명함을 만들기 위해 Alt + Shift 를 동시에 클릭하며 드래그해 아트보드(대지)를 하나 더 추가합니다.

7 뒷면 명함에서 앞면 레이어를 다 지워주고, 앞면과 통일성 있게 캐릭터와 글자를 배치해 구성합니다.

8 모든 글자를 선택한 후 오른쪽 마우스에서 윤곽선 만들기(Shift + Ctrl + O)를 클릭해 이미지화합니다. 앞면과 뒷면 전체를 다시 한번 통일성 있게 마무리합니다.

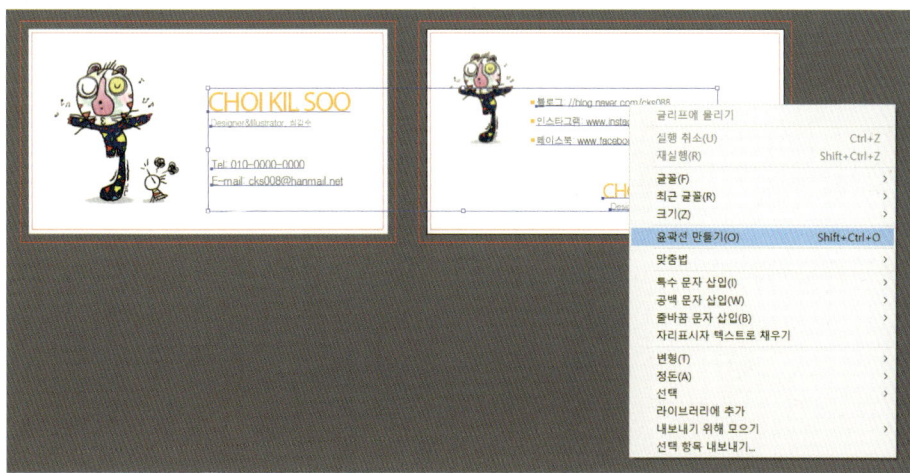

9 오타가 없는지 마지막으로 확인합니다. 스케치 레이어는 삭제하고, [파일]–[다른 이름으로 저장]하여 최종 PDF 파일을 인쇄업체 사이트에 업로드합니다. 주문하면서 양면인쇄 8도, 용지, 크기, 수량 등을 알려줍니다. 후가공이 있다면 명함에 맞는 옵션을 선택해 주문합니다.

 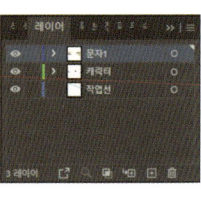

텍스트 입력 및 이미지화하기

■ 텍스트 입력하기

① 도구 패널에서 [문자 도구]를 선택합니다.

② 아트보드를 클릭하면 '샘플 문구'가 자동으로 입력됩니다. 텍스트 크기와 모양을 보여주기 위한 미리보기입니다.

③ [윈도우]-[문자]-[문자 메뉴]를 선택해 문자 패널을 불러옵니다. 글꼴 종류와 크기 등을 설정합니다.

④ 입력한 문자를 선택 도구로 선택해 마우스 오른쪽을 누르면 단축 메뉴에서 원하는 글꼴로 변경할 수 있습니다.

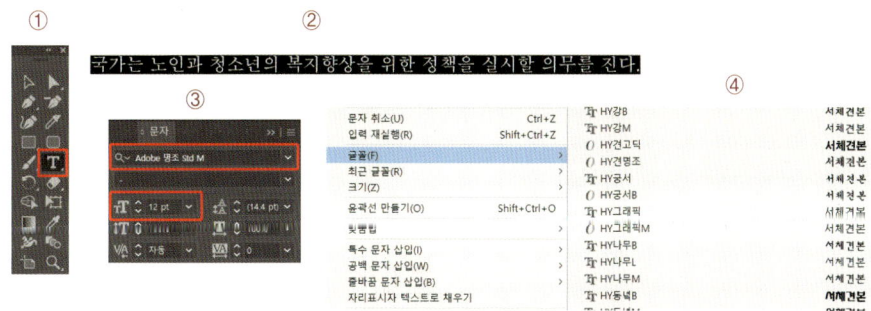

■ 텍스트 이미지화하기

① 선택 도구로 텍스트를 선택한 후, 마우스 오른쪽을 눌러 [윤곽선 만들기]를 선택합니다.

② 텍스트(문자)가 이미지로 변경되어 텍스트 외곽에 패스가 생깁니다.

③ 면과 선에 원하는 색을 지정합니다.

④ 획 패널에서 원하는 두께를 설정하고, 단면과 모퉁이를 곡선으로 변경, 선 정렬을 바깥쪽으로 지정해 완성합니다.

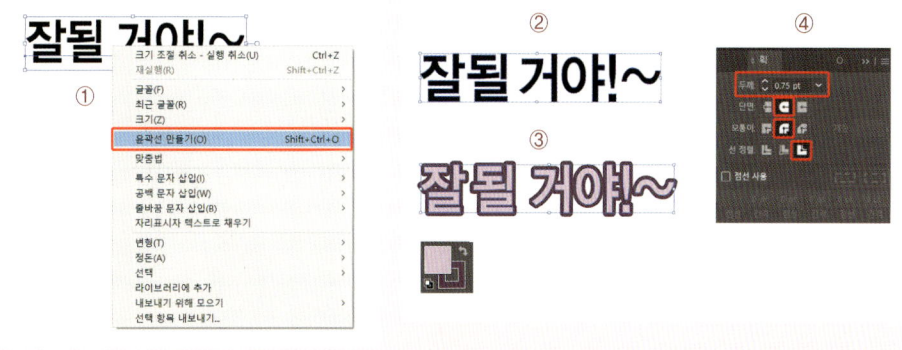

보기만 해도 힐링 되는 그림엽서 만들기

일러스트레이터 이용

✛ 자연 혹은 일상을 담은 그림엽서

'긍정 인생' 가족 캐릭터와 '유유자적 돼랑이' 캐릭터는 하루하루 바쁘게 살아가는 현대인들에게 조금이나마 위로와 힐링을 주는 이야기를 담고 있습니다. 캐릭터 성격이 잘 드러나는 다양한 이야기와 자연 그리고 일상을 담아내거나, 따듯한 위로의 글과 보조 캐릭터로 재미를 더해 디자인합니다. 소비자의 마음을 움직여 구매까지 이어질 수 있도록요.

그림엽서와 같은 방식으로 아트 포스터도 쉽게 만들 수 있습니다. 그림 크기만 용도에 맞게 테이블용 혹은 포스터 액자로 작업하면 됩니다. 액자 프레임까지 제작한다면 작업선, 재단선, 안전선을 고려하여 작업합니다. 아트 포스터로 거
실, 현관 그리고 식탁, 테이블
등 다양한 곳에 장식해보세
요. 나의 캐릭터로 집 안이
화사해져요.

그림 캐릭터 성격에 맞게
상황을 설정한 후 공감이
가고, 재미있는 이야기로 그
림엽서를 만들어볼까요.

그림엽서

✦ 만들어보세요

1 업체에서 제공하는 템플릿을 다운로드하거나 새 아트보드를 만듭니다. 새 아트보드는 그림엽서 규격 크기인 100×148mm에 사방 도련(여백) 2mm를 추가해 만듭니다. 그림엽서는 양면인쇄 8도로 만들어야 하므로 아트보드 두 개를 만들어줍니다.

2 미리 만들어놓은 이미지들을 불러옵니다. 봄날에 돼랑이와 까치가 자연 속에서 숨바꼭질하는 모습을 단순하게 그려봅니다. 나무, 돼랑이, 꽃, 까치, 로고 등 5가지 시각 요소만 활용해도 얼마든지 예쁜 그림을 완성할 수 있습니다. 이미지들을 불러와 그림엽서에 재미있는 이야기를 구성해봅니다.

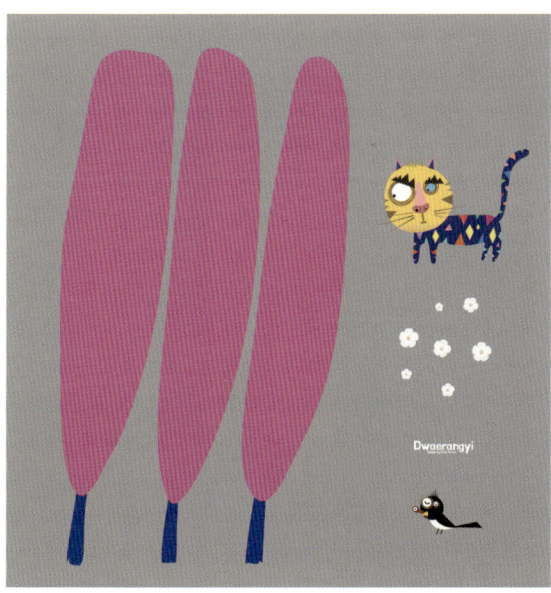

3 배경이 있는 그림엽서는 반드시 여백을 준 작업선까지 배경을 채워야 깨끗하게 재단됩니다. 나무와 배경은 재단까지 고려해 충분히 작업선까지 위아래 넉넉하게 그려줍니다. 엽서 뒷면도 앞면의 이미지를 활용해 이야기를 재미있게 구성합니다. 마지막에 로고까지 넣어 완성도를 높입니다.

반드시 여백을 준 작업선까지 배경을 채워주세요.

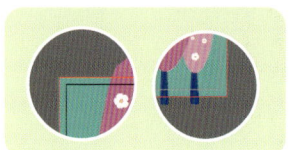

반드시 여백을 준 작업선까지 배경을 채워주세요.

4 작업선 밖으로 나간 나무 이미지를 없애기 위해 클리핑 마스크(Clipping Mask)를 합니다. 일단 앞면 엽서 아래 배경 이미지 개체를 클릭, 동시에 같은 위치에 복사(Ctrl + C + F)한 다음, [맨 앞으로 가져오기]((Ctrl + Shift +]))를 합니다. 그다음, 개체를 모두 선택한 후 오른쪽 마우스를 클릭해 [클리핑 마스크 만들기]를 누르거나, 단축키(Ctrl + 7)를 선택합니다. 위에 있는 개체(틀)가 사라지며 클리핑이 돼 앞면 엽서가 만들어집니다. 뒷면 엽서도 같은 방법으로 만듭니다.

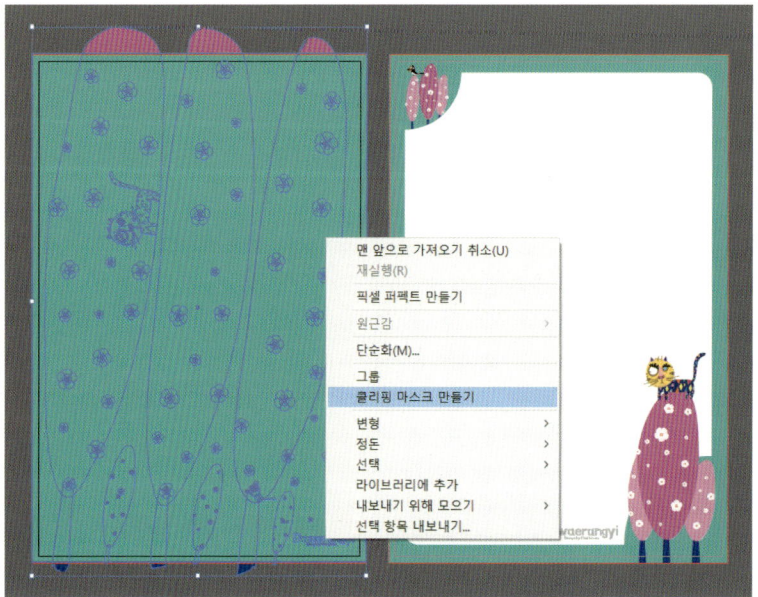

5 [파일]-[다른 이름으로 저장하기] 또는 Shift + Ctrl + S 를 눌러 PDF 파일로 저장합니다. 그림엽서의 앞면과 뒷면이 동시에 한 파일에 저장됩니다. 이제 이 파일을 인쇄업체에 업로드해 주문하면 됩니다.

일러스트레이터에서 작업한 글자(문자)나 로고는 꼭 윤곽선 만들기(Create Outlines) 또는 확장(Expand)을 해 주세요. 그래야 인쇄 시 문제가 없습니다.

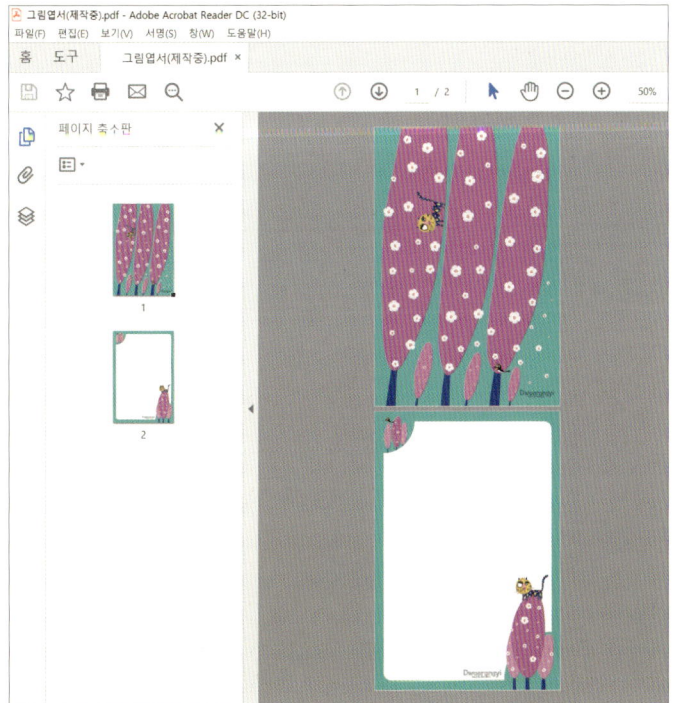

다양한 캐릭터 엽서 디자인 사례

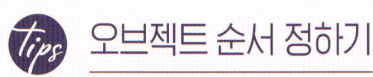 오브젝트 순서 정하기

일러스트레이터에서 만든 오브젝트 이미지에는 순서가 있습니다. 마지막에 만들어진 오브젝트 이미지가 맨 위로 올라옵니다. 캐릭터 이미지를 제작할 때 내가 원하는 이미지를 위해 오브젝트의 순서를 바꿔야 할 때가 있습니다. 이때 순서를 바꾸고 싶은 오브젝트를 선택 도구로 선택해 단축키로 순서를 바꿀 수 있습니다.

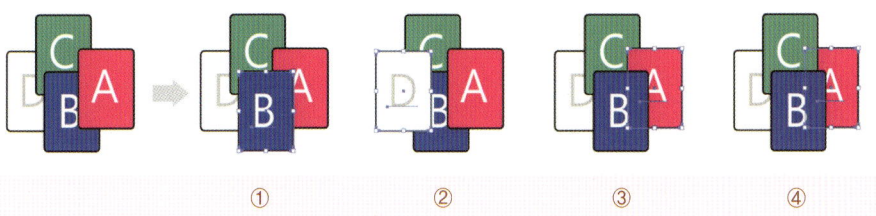

① Ctrl + [ ] : 선택한 오브젝트를 한 단계 앞으로 오게 함

② Ctrl + Shift + [ ] : 선택한 오브젝트를 맨 앞으로 오게 함

③ Ctrl + [ ] : 선택한 오브젝트를 한 단계 뒤로 가게 함

④ Ctrl + Shift + [ ] : 선택한 오브섹트를 맨 뒤로 가게 함

 클리핑 마스크 사용하기

클리핑 마스크는 그림 이미지를 특정 영역 안에서만 보이게 하는 기능입니다. 캐릭터를 그리거나 엽서, 그립톡 등 굿즈를 제작할 때 많이 쓰입니다. 캐릭터 이미지 제작을 하다 보면 크기를 벗어난 영역까지 그림을 그리게 되는데, 이때 배경 처리를 깔끔하게 해줍니다.

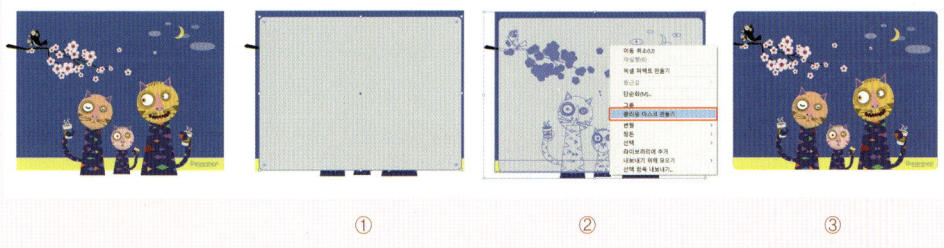

① 특정 영역만 보여주기 위해 도형을 덮어 영역을 만듭니다.

② 선택 도구로 전체 오브젝트를 선택해 마우스 오른쪽을 눌러 [클리핑 마스크 만들기]를 선택합니다(단축키: Ctrl + 7).

③ 마스크 영역이 지정되면서 원하는 이미지 부분만 보입니다.

CHAPTER 4
긍정과 행복을 전하는 카드 만들기

 일러스트레이터 이용

✚ 내 이야기를 담은 카드

가족 캐릭터로 행복이 듬뿍 담긴 재미있는 가족 이야기를 제작해보겠습니다. 어버이날, 어린이날 등 5월의 기념일에 만들어도 좋겠죠. 카드는 그림엽서와 다르게 펼쳐지는 면을 고려해야 합니다. 세로로 여는 카드라면 세로 크기를 두 배로, 가로로 여는 카드를 만들고 싶다면 가로 크기를 두 배로 계산해 디자인합니다.

엽서 제작과 마찬가지로 사방에 도련(여백)을 줘야 합니다. 주의할 점은 펼쳐진 상태이고 그림을 인쇄해야 하므로 접지가 될 부분에 오시를 설정해야 합니다. 접었을 때 앞표지가 어느 부분인지, 안쪽 면이 어디인지 잘 파악하며 작업합니다.

✚ 만들어보세요

1 인쇄업체에서 다운로드한 템플릿을 활용하거나 새 파일을 만들어 디자인합니다. 일러스트레이터에서 접었을 때 가로세로 90×90mm로 정하고, 가로로 여는 카드를 만들려고 합니다. 펼쳤을 때 크기를 고려해 가로세로 180×90mm로 작업을 합니다. 아트보드를 여유 있게 가로세로 3mm씩 더해 186×96mm로 설정합니다. 펼친 면을 고려하면서 디자인 작업을 합니다.

2 레이어를 만든 후 재단선은 사방 3mm씩 뺀 180×90mm 정도로 설정합니다. 가로 가운데 정렬, 세로 가운데 정렬을 합니다.

3 반으로 접히는 구간에 오시선을 그려주기 위해 새 레이어를 만들고, 선문 도구에서 가운데에 오시선을 배치해놓습니다. 오시선은 아트보드 바깥으로 넘어가게 여유 있게 그립니다.

카드를 만들기 위해서는 오시선을 한가운데 배치해야 정확히 반으로 접을 수 있습니다. 대지에 정렬 창을 선택하고, 오브젝트 정렬에서 가로세로 가운데 설정을 해줍니다.

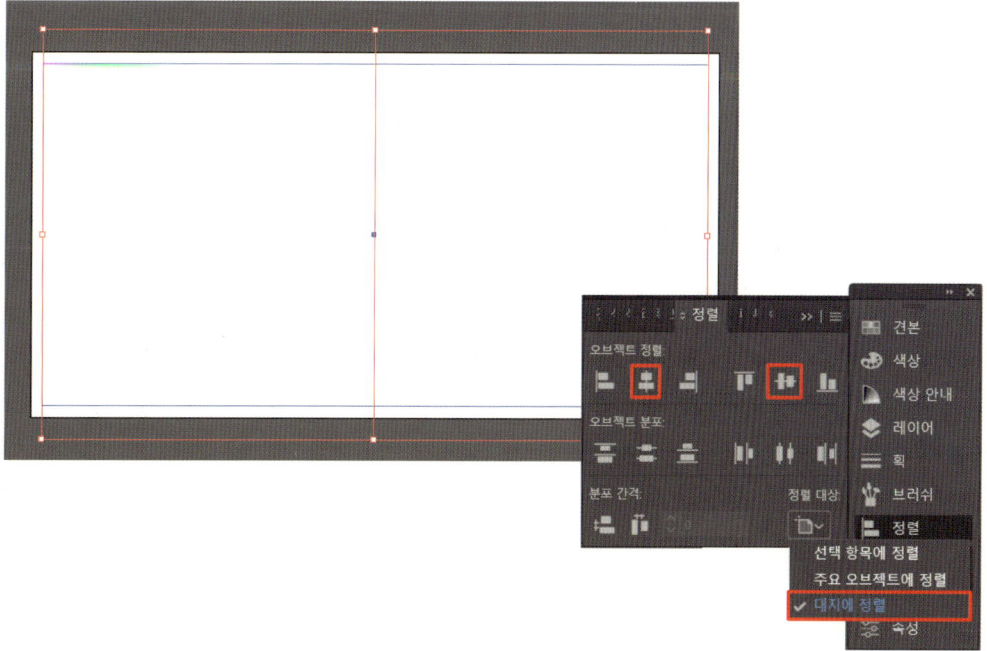

4 인쇄업체마다 다를 수 있지만 오시선 레이어를 선택한 후 가운데 그린 선 위에 문자 도구를 선택해 '오시'라는 글자를 넣어줍니다.

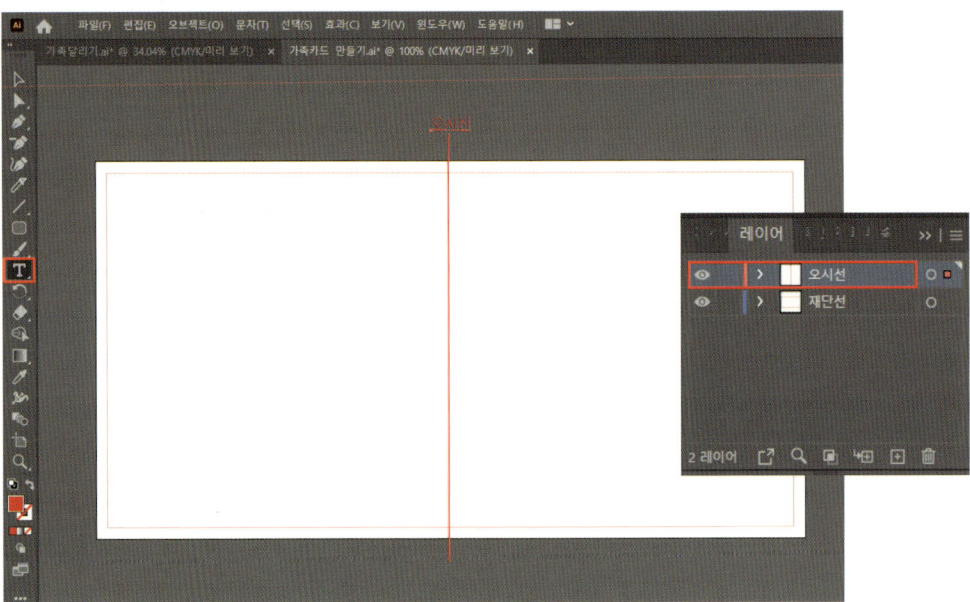

5 재단선과 오시선 레이어를 잠그고 그 아래에 그림 레이어를 만들어 미리 그려놓은 캐릭터 그림을 불러옵니다. 파트 3에서 일러스트레이터 캐릭터 만들기와 과정이 같습니다. 캐릭터 그림이 오시선과 재단선에 가까이 붙지 않도록 여유 있게 구성합니다.

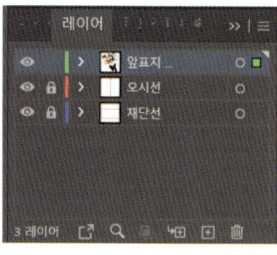

6 사각형 도구를 선택해 앞표지, 뒤표지를 위한 배경색 레이어를 새로 만들어 제일 하단에 놓고 캐릭터에 어울리는 색상을 지정합니다.

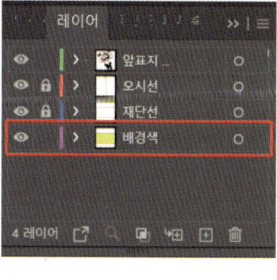

7 앞표지에 들어가는 문자의 서체, 색상, 크기, 레이아웃 등을 설정해 디자인합니다. 디자인 구성이 끝났다면 접히는 구간의 공간을 생각하며 캐릭터 그림과 글 문구가 조화되게 다시 한번 수정해 구성합니다.

8 봄날의 분위기를 한층 더 담아내기 위해 꽃문양을 만들어 배경에 어울리도록 크기를 조절해 앞표지 디자인을 완성합니다.

9 왼쪽 면은 카드가 접혔을 때 표지의 뒷면이 됩니다. 새 레이어를 만들어 앞면과 마찬가지로 꽃문양 그림 오브젝트를 복사해 단순하게 디자인합니다. 꽃문양 위에 보조 캐릭터인 새 두 마리를 재미있게 구성해 이야기를 만들어줍니다.

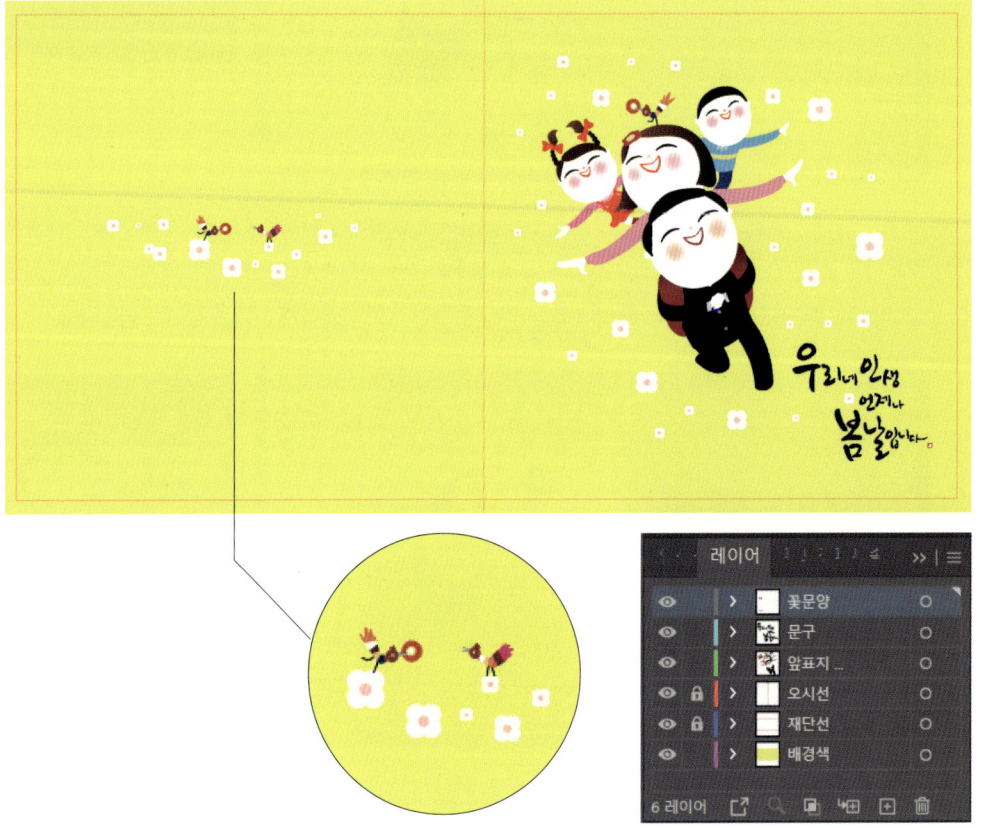

10 새 레이어를 만들어 뒤표지 꽃문양 아래에 문구를 넣어 완성합니다. 서체는 [오브젝트]-[윤곽선]-[패스]를 선택해 면으로 바꿔줍니다.

11 카드의 앞뒤 표지가 완성되었습니다. 이제 카드 안쪽 면을 디자인하기 위해 앞면, 뒷면의 오브젝트를 하나로 그룹화시킵니다.

12 카드 앞표지는 완성되었고, 이젠 안쪽 면도 디자인합니다. 안쪽 면도 동일한 작업이므로 재단선과 오시선의 잠금을 모두 해제하고, 아트보드를 클릭한 후 **Alt**와 **Shift**를 누른 채 드래그하여 아트보드 하나를 더 복사합니다. 레이어가 있는 앞면과 똑같은 아트보드가 생깁니다.

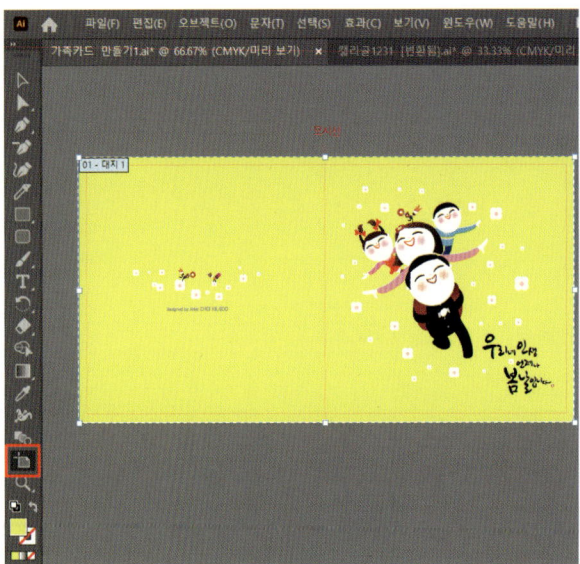 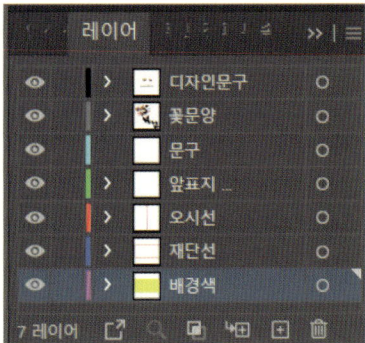

13 재단선과 오시선은 다시 잠금으로 하고, 복사본 그림 레이어는 지웁니다. 배경색은 흰색으로 바꿔줍니다.

 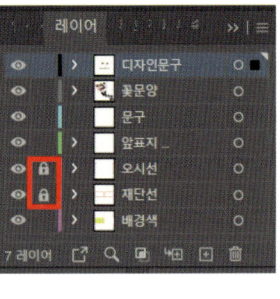

14 통일성을 주기 위해 13번 왼쪽 면에 앞표지 문구과 뒤표지 꽃문양으로 작게 구성합니다. 배경색이 흰색이므로 꽃문양은 기존 흰색 꽃잎에서 분홍색으로 바꿔줍니다.

15 '오시'라고 쓰여 있는 레이어는 지우고, 오시선과 재단선을 투명하게 만들어줍니다. 카드 표지와 안쪽 면이 완성되었습니다. [파일]-[다른 이름으로 저장]을 선택해 PDF로 저장합니다. 인쇄업체에 업로드하기 전에 반드시 글 문구는 [오브젝트]-[패스]-[윤곽선 만들기]를 지정해야 합니다.

 오브젝트 복사하기

① 일러스트레이터에서 선택 도구로 오브젝트를 클릭하면 이동, 변형 등의 작업을 할 수 있게 활성화됩니다.

② Alt 를 누른 채 드래그합니다.

③ 이때 Shift 를 같이 누르면 수평 혹은 수직으로 복사를 쉽게 할 수 있습니다.

①

② Alt + 드래그

③ Alt + Shift + 드래그

CHAPTER

5

마음껏 그림과 글을 적는 떡메모지 만들기

 일러스트레이터 이용

✚ 도형으로 손쉽게 만든 메모지

일상에서 메모할 일이 많지요. 공부할 때, 일할 때 수시로 중요한 일을 메모하거나 다이어리를 꾸
밀 때 메모지를 사용하는데요. 간단하게 도형으로 만들어도 손수 메모지를 만들어보면 뿌듯함이
밀려옵니다. 내 캐릭터를 넣어 만들면 더욱 의미가 있지요. 친구나 고마운 분들을 위한 선물용으로
도 좋은 아이템입니다.

✚ 만들어보세요

1 인쇄업체에서 다운로드한 템플릿을 활용하거나 새로 아트보드
를 만들어 재단선 90×90mm에 사방 도련(여백) 2mm로 설정
합니다.

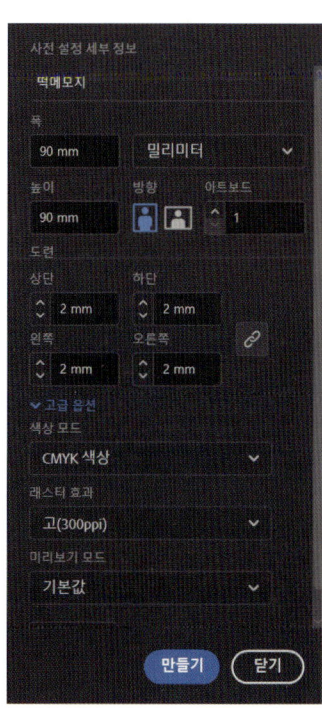

2 [파일]-[가져오기]를 이용해 미리 그려놓은 캐릭터 이미지를 원하는 공간에 배치합니다.

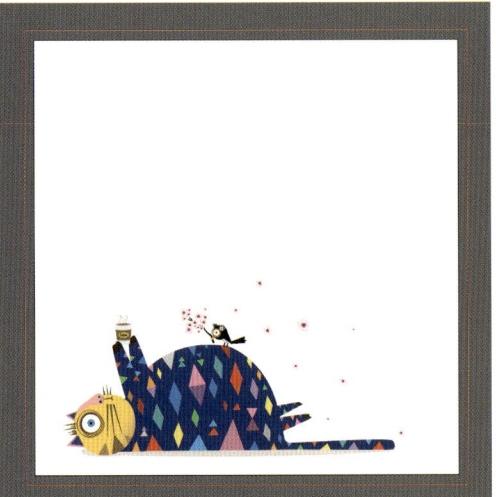

3 봄날 느낌의 핑크로 배경색을 채우기 위해 사각형 도구를 이용해 면을 만들어줍니다. 작업선까지 배경을 채웁니다. 봄날의 돼랑이는 벚꽃과 커피를 좋아합니다. 이를 더 부각하기 위해 하트 모양을 만들어 좀 더 이야기가 있는 떡메모지를 만들어줍니다.

4 배경 이미지와 하트 오브젝트를 선택한 후 메인 캐릭터가 보이도록 뒤로 보냅니다(단축키: Ctrl + [).

5 조금 더 재미난 구성을 위해 커피잔 위에 하트가 모락모락 나는 느낌을 주어 완성도를 높입니다.

커피잔에서
하트가 모락모락~.

6 [파일]–[다른 이름으로 저장]을 선택해 PDF 파일로 저장합니다. 인쇄업체에 업로드하기 전에 반드시 문구가 있는 그림은 [오브젝트]–[패스]–[윤곽선 만들기]를 지정해야 합니다.

 패스 오브젝트 선에서 점을 추가하거나 삭제하기

펜 도구를 길게 누르면 추가 도구가 나타납니다. [고정 점 추가 도구]를 선택합니다.

① [고정 점 추가 도구]를 이용해 점을 추가하거나 삭제할 수 있습니다.

② 추가된 점은 직접 선택 도구를 이용해 수정할 수 있고, 원하는 오브젝트 모양을 만들 수 있습니다.

③ 추가된 점은 [고정 점 삭제 도구]로 삭제할 수 있으며, 다시 이전의 오브젝트로 돌아가게 됩니다.

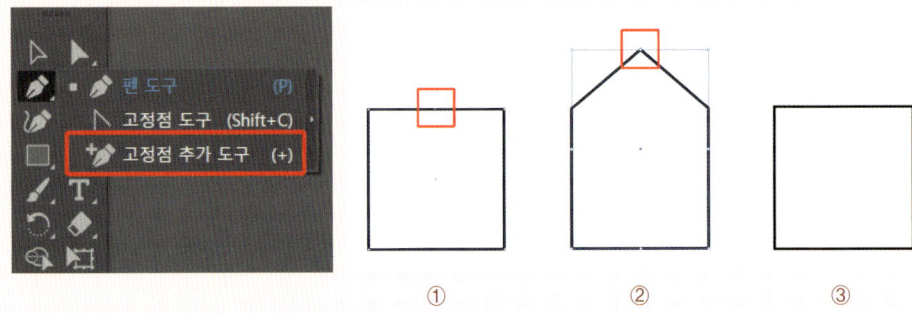

CHAPTER 6

열두 달 기쁨 주는 나만의 달력 만들기

 포토샵, 일러스트레이터 이용

✚ 열두 달 보는 재미가 있는 달력

달력은 날짜, 요일을 알려주는 것은 기본이고, 힐링(회화, 일러스트 등)할 수도 있어 마음의 위로와 희망과 안식을 줍니다. 일상과 함께하는 달력, 나만의 캐릭터를 활용해 꿈과 희망을 주는 달력을 만들어보면 어떨까요? 열두 달 행복한 인생을 나만의 이야기로 만들어보세요.

먼저 달력 그림을 그리기 전에 달력의 종류(벽달력, 탁상달력)를 선택하고, 인쇄할 달력 제작업체를 선정합니다. 업체마다 달력 크기가 다르고, 내지 그림 크기가 달라 미리 업체를 정하고 작업해야 합니다. 인쇄업체의 템플릿을 다운로드해 디자인합니다.

✚ 만들어보세요

1 먼저 달력에 넣을 그림 크기를 22.44×18cm, 해상도 300dpi로 지정합니다. 미리 스케치한 이미지를 스캔 받아 불러옵니다.

열두 달 중에서 봄날의 행복한 3월 달력을 예시로 보여드릴게요. 연인(부부)이 나비의 날개를 달고 활짝 웃는 모습을 표현하려고 합니다.

2 새 레이어를 스케치 하단에 만든 다음 몸을 상상하는 노란색으로 바탕을 채웁니다.

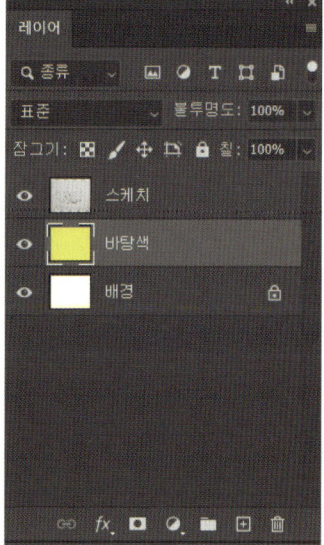

3 수월하게 작업하기 위해 노란색 레이어의 불투명도를 조절하여 희미하게 만듭니다.

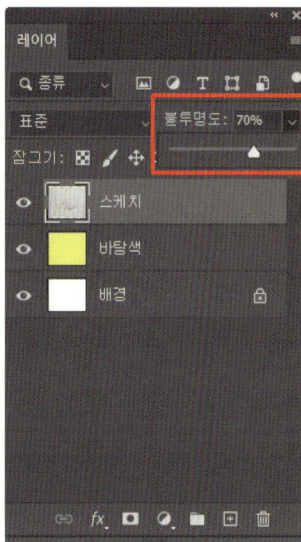

4 일러스트레이터에서 미리 그려놓은 긍정 인생 캐릭터와 하트 이미지를 불러와 각각 레이어를 만들어줍니다. 스케치 레이어에 맞춰 보기 좋게 화면을 구성합니다.

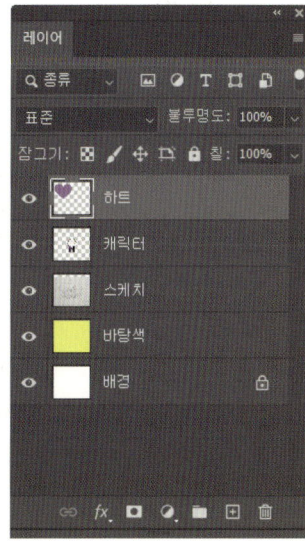

5 하트를 나비의 날개로 만들기 위해 하트 레이어의 불투명도를 조절하고, 스케치한 날개와 맞춰가며 날개의
형태를 잡아줍니다.

6 하트 레이어를 클릭해 Ctrl + C, Ctrl + V를 해 복제합니다. 아래쪽 날개를 만들어줍니다. 하트 두 개의
크기를 어울리게 조절해 날개의 형태를 완성합니다.

7 하트 레이어 두 개의 불투명도를 100%로 다시 바꾸고, 하트 레이어를 동시에 클릭해 레이어를 병합하여 하나의 날개로 만듭니다.

 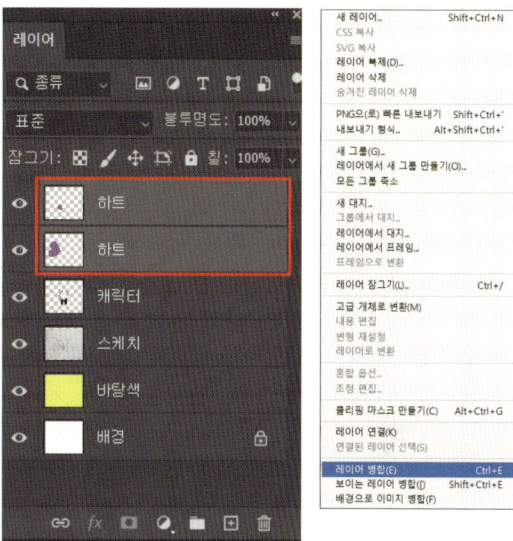

8 날개 레이어를 캐릭터 레이어 아래로 이동시킵니다. 색상을 파란색으로 만들기 위해 단축키 Ctrl+U(색조, 채도)를 눌러 색조 -28로 설정, 날개의 색상을 파란색으로 변경합니다.

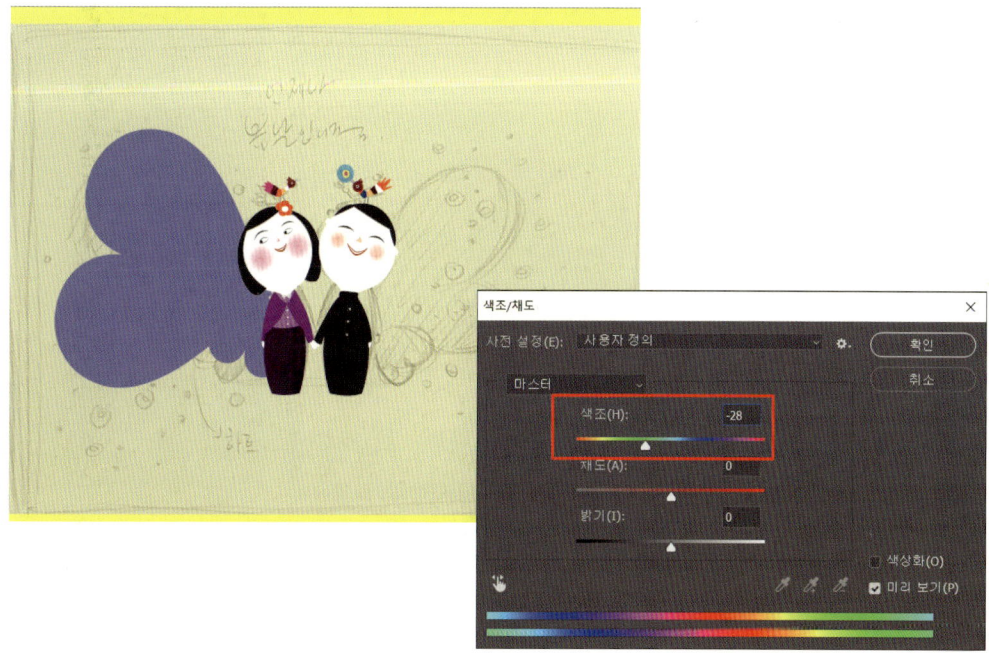

9 하트 레이어를 복제해 반대쪽에도 똑같이 배치하여 양쪽 날개를 완성합니다. 레이어 이름도 날개1, 날개2로 바꿔줍니다. 스케치 레이어는 안 보이게 해줍니다.

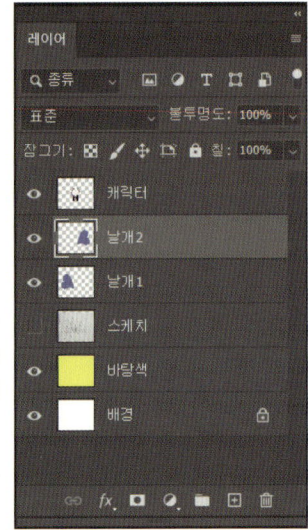

10 미리 만들어놓은 꽃문양 패턴을 불러와 캐릭터, 날개 오브젝트와 어울리게 구성해줍니다.

11 상단에 문구를 넣기 위해 위치를 조절해 보기 좋게 구성합니다. 봄날의 3월 달력 이미지가 완성되었습니다.

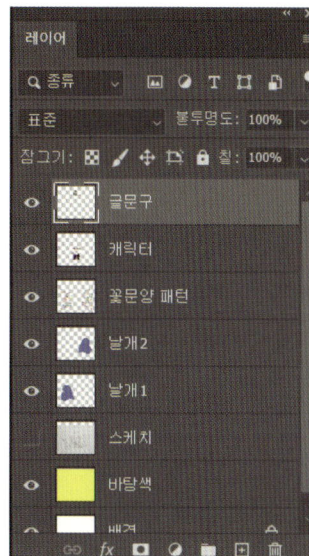

12 크기를 130×230mm, 사방 도련(여백)을 2mm로 지정합니다. 달력은 앞표지와 열두 달의 달력을 만들어야 하므로 같은 규격의 아트보드를 앞표지까지 포함해 총 13개를 생성합니다.

13 타공 영역을 고려하여 그 아래쪽으로 완성된 이미지를 일러스트
레이터 달력 포맷에 배치합니다. 3월 날짜 디자인과 어울리게 수
정과 보완을 거쳐 디자인을 완성합니다. 앞표지와 나머지 열한
달도 같은 방식으로 디자인합니다.

14 타공 영역 레이어의 눈을 꺼 보이지 않게 합니다. 13개의 달력 이미지를 전체적으로 수정하고 보완해 통일
된 스타일의 '긍정 인생' 달력이 나오도록 디자인합니다.

15 [파일]–[다른 이름으로 저장]을 누른 후, PDF 혹은 JPG로 저장합니다. 제작업체마다 요구하는 파일 형식이 다르니 사전에 체크한 후 최종 파일을 지정하면 됩니다. 업체 사이트에 들어가 단면인쇄를 설정하고, 용지를 선택해 주문합니다.

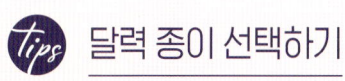 달력 종이 선택하기

달력 내지는 보통 스노우지 180~200g과 랑데뷰지 210g을 많이 사용합니다. 스노우지와 랑데뷰지는 질감에서 차이가 있는데, 스노우지는 약간 맨질맨질한 느낌이라면 랑데뷰지는 살짝 거친 느낌이 든답니다. 탁상달력에 메모할 수 있게 하려면 랑데뷰지가 적합합니다.

CHAPTER **7**

나를 위한 특별한 핀버튼 만들기

 일러스트레이터 이용

✚ 단순한 그림으로 만드는 독특한 핀버튼

핀버튼, 손거울, 마그넷 같은 원형 디자인은 복잡한 그림보다는 최대한 단순해야 더욱더 빛을 발합니다. 단순함 속에 캐릭터의 특징을 함축적으로 담아내면 좋습니다. 한마디로 캐릭터의 개성을 상징적으로 보여줍니다. 캐릭터를 한눈에 파악할 수 있고, 흥미를 느낄 수 있게 합니다.

형태, 색상, 비율 등을 잘 고려해서 캐릭터의 개성이 드러나도록 인물 위주로 핀버튼을 만들어줍니다. 용도에 따라 거울, 자석, 클립, 병따개 등을 만들 수도 있습니다. 여기서는 가방에 달 핀버튼으로, 캐릭터 얼굴을 활용해서 만들어볼까요?

얼굴 위주의 핀버튼 시안 디자인

+ 만들어보세요

1 업체에서 다운로드한 기존 템플릿을 이용하거나 일러스트레이터에서 새 파일을 열어줍니다. 원형, 하트, 정
사각형 핀버튼 등 모양에 따라 도련(여백)이 다릅니다. 제작방법을 잘 확인하면서 작업합니다.

많이 활용되는 제작 크기인 58×58mm를 만들기 위해 좀 더 여유 있게 70×70mm 크기의 새 아트보드를
만들어줍니다.

2 원형 도구, 단축키 ⓛ을 이용해 재단선 70×70mm, 접지선 58×58mm의 원형 안내선을 만듭니다. 재단
선과 접지선은 그림이 완성된 후 지울 예정이라 색상은 임의로 선택합니다. 안내선은 패스파인더를 이용해
아트보드 기준으로 가운데 정렬을 합니다.

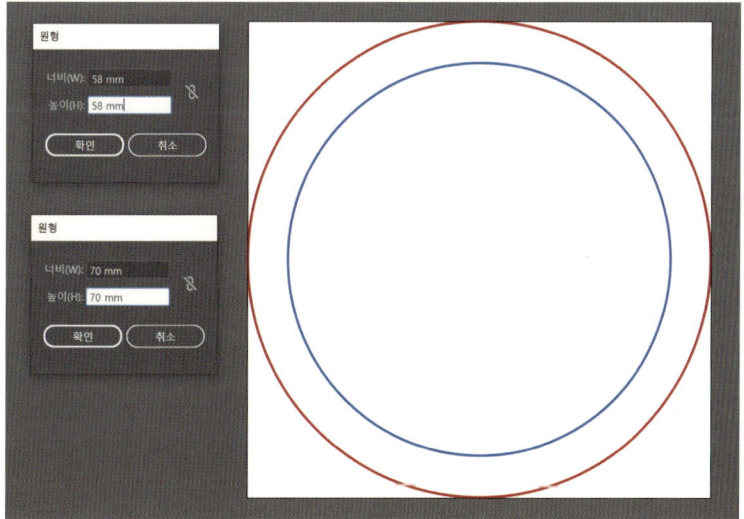

3 새로운 레이어를 추가해 핀버튼 배경색을 아트보드 크기만큼 채웁니다.

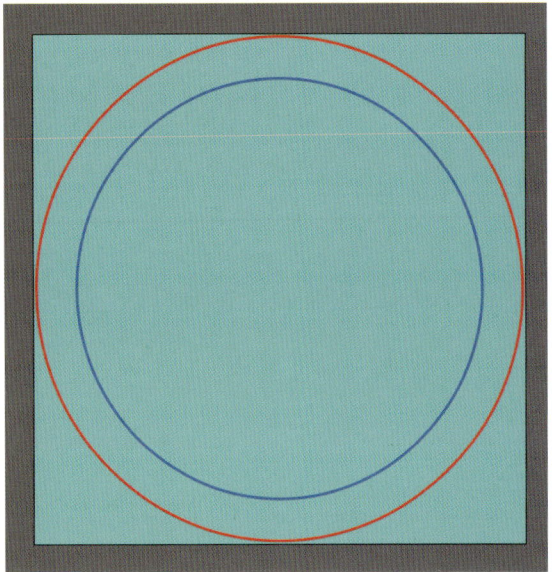

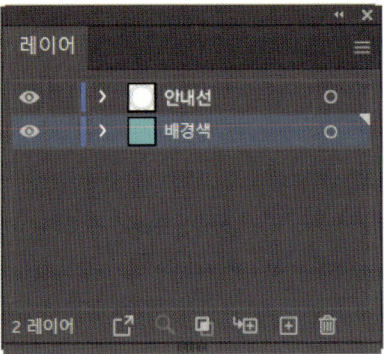

4 핀버튼 배경색 위에 캐릭터 레이어를 만들어 미리 그려놓은 캐릭터를 불러옵니다. 파란색 안내선 안쪽으로
보기 좋게 구성합니다.

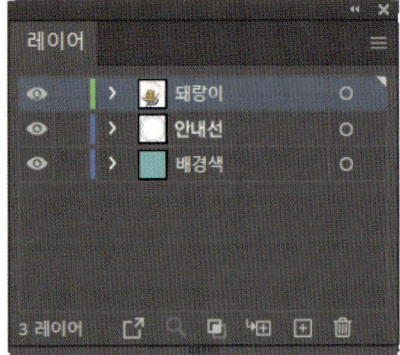

5 안내선 레이어의 눈 모양 아이콘을 비활성화합니다. 배경색 레이어와 캐릭터 레이어만 보이게 한 후 AI 또는 PDF로 저장해 제작업체에 업로드하여 소량으로 주문합니다.

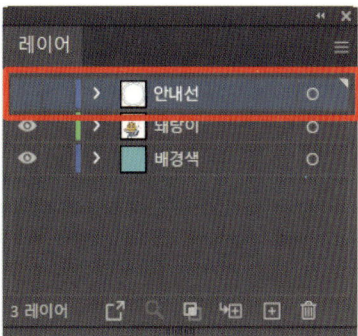

6 핀버튼을 제작한 후 캐릭터 이미지는 58mm×58mm 접지선에 맞춰 보입니다. 한번 실제 이미지를 대략 확인하기 위해 클리핑 마스크를 이용해 이미지를 잘라서 확인해보겠습니다. 클리핑 마스크는 이미지를 자르는 게 아니라 원하는 부분만 빼고 나머지 부분은 감춰주는 방식이라고 이해하면 쉽습니다.

안에 들어갈 이미지 개체와 씌우는 개체(틀)를 모두 선택한 다음, 마우스 오른쪽을 클릭해 [클리핑 마스크 만들기]를 하거나 단축키 Ctrl + 7을 선택합니다. 원 모양으로 잘라내기 위한 방법입니다. 이때 반드시 씌우는 개체(틀)가 위쪽에 있어야 합니다.

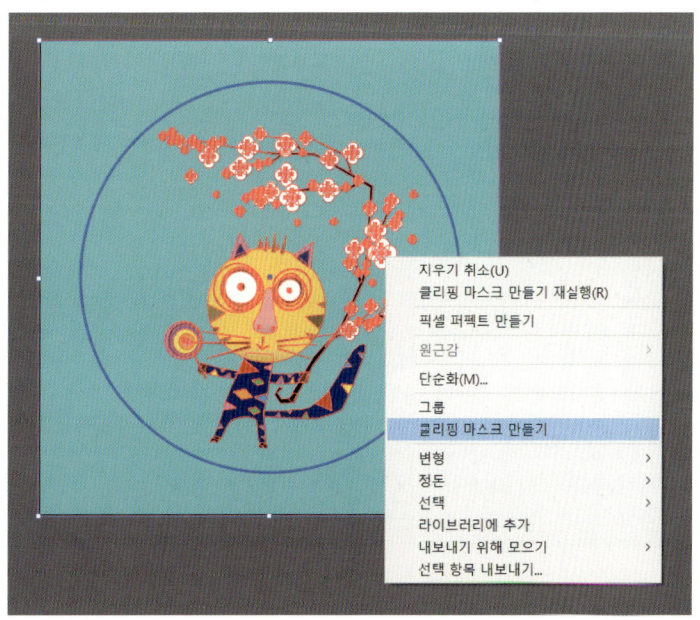

이때 씌우는 개체(틀)는 선과 면의 속성이 사라지며 클리핑됩니다. 주변 이미지는 안 보이고, 개체(틀) 안에 있
는 이미지만 보입니다. 핀버튼이 제작된다면 아래 그림처럼 보이겠죠.

클리핑 마스크를 해제하고 싶다면 다시 마우스 오른쪽을 클릭해 [클리핑 마스크 풀기]를 눌러줍니다.

ᵗⁱᵖˢ 오브젝트 그룹 만들기

일러스트레이터에서 캐릭터를 만들 때 오브젝트 그룹 만들기를 이용하면 편리합니다. 오브젝트 개체들을 모아 하나의 완성된 캐릭터 이미지를 만듭니다. 이때 오브젝트 그룹 만들기 기능으로 각각의 오브젝트를 하나로 묶어 효율적으로 관리할 수 있습니다.

① 선택 도구로 오브젝트를 선택한 후 (Ctrl)+(G) 혹은 마우스 오른쪽을 클릭해 [그룹 만들기]를 선택합니다(그룹 만들기 취소: (Ctrl)+(Shift)+(G)).

② 그룹 만들기로 각각 완성된 오브젝트를 구성합니다.

③ 한 번 더 전체를 선택해 그룹으로 만듭니다. 각각의 오브젝트가 모여 하나의 캐릭터가 완성됩니다.

①　　　　　　　　　　　　　　　②　　　　　　　　　　　　　　　③

내가 원하는 모양대로 셀프 스티커 만들기

 포토샵, 일러스트레이터 이용

✦ 스티커 종류

스티커를 만들기 전에 스티커 종류에 대해 알아볼게요. 내 캐릭터에 맞는 스티커 종류와 용도를 미리 정하고 제작하면 손쉽게 굿즈 스티커를 만들 수 있어요.

① 사각재단 스티커

칼선 없이 제작한 스티커입니다. '인쇄소 스티커'라고도 불립니다. 그림 그대로 가위로 잘라 써야 하는 번거로움이 있지만 제작방법이 간편하고, 가격이 가장 저렴해 많이 활용됩니다.

Designed by Artist CHOI KIL SOO

② 도무송 스티커

인쇄소가 보유한 기본 도형 칼선(원형, 사각형, 라운드 사각형)으로 제작하는 스티커를 말합니다. 기본 도형은 따로 칼선 작업을 할 필요가 없습니다. 업체에서 제공하는 템플릿을 다운로드해 제작하면 됩니다. 원하는 모양의 칼선이 따로 있다면 제작 비용이 올라갑니다.

③ 판 스티커(칼선 고정형 스티커)

한 장에 고정된 모양과 개수의 칼선이 있으며, 그 안에 그림을 쉽게 넣기만 하면 되는 스티커를 말합니다.

④ 반칼 스티커(자유형 칼선 스티커)

한 장에 다양한 모양과 개수의 칼선을 자유롭게
배치한 스티커를 말합니다. 직접 칼선 작업을 해
야 합니다. 칼선 모양이 복잡하거나 개수가 많으
면 제작 비용이 올라갑니다.

⑤ 완칼 스티커(자유형 조각 스티커)

원하는 모양의 다양한 칼선을 넣은 스티커를 배
경에서 완전히 없앤 것(배경지 제거)을 말합니다.
'무네 스티커'라고 불리기도 합니다. 직접 칼선 작
업을 해야 하며, 판 스티커가 아닌 낱개로 제작됩
니다.

✚ 사각재단 스티커 만들기

같은 디자인으로 동시에 재단 스티커와 도무송
스티커(칼선 스티커)를 만들 수 있습니다. 재단 스
티커는 칼선이 없는 한 면으로 인쇄된 스티커를
말합니다. 칼선 스티커는 개체를 하나씩 떼어 쓸
수 있는 스티커입니다.

재단 스티커

칼선 스티커

1 업체에서 제공하는 템플릿을 다운로드하거나, 새 아트보드를 열어 100×100mm를 설정하고, 사방에 **도련** (여백) 2mm씩 줍니다. 정렬 창을 열어 대지에 오브젝트를 정렬한 후 안전선 96×96mm를 만듭니다.

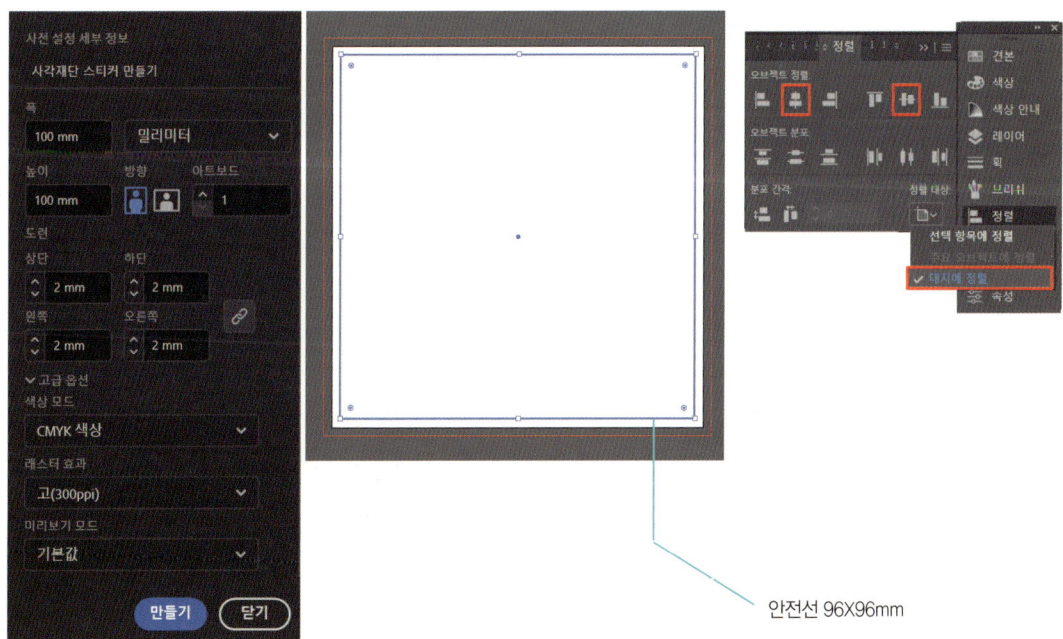

안전선 96X96mm

2 미리 만들어놓은 캐릭터를 [파일]–[가져오기]로 불러와 배경이 없는 안전선 영역에 그림을 배치합니다. 배경이 있는 경우 작업선까지 배경을 가득 채워야 합니다.

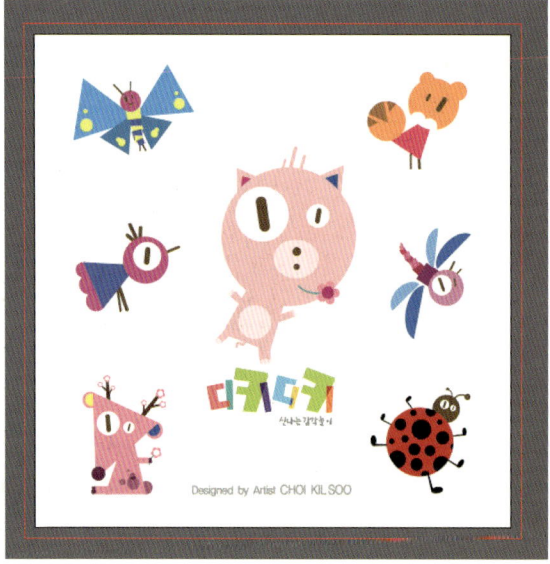

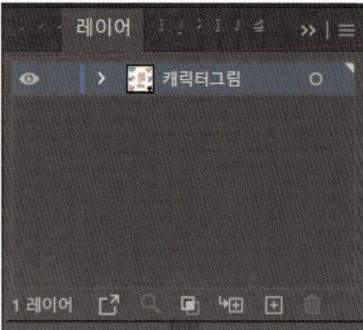

3 저장할 때 안전선은 지우거나 투명하게 처리합니다.

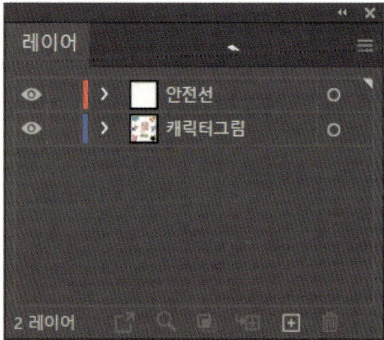

3 [파일]-[다른 이름으로 저장] 또는 단축키 Shift + Ctrl + S 를 눌러 AI 혹은 PDF 파일로 저장합니다. 제작
업체에 파일을 업로드하고 주문합니다.

사각 스티커와 칼선 스티커

✦ 도무송(칼선) 스티커 만들기

1 인쇄업체의 템플릿을 다운로드하거나, 새 아트보드를 만들어 제작
합니다. 일반적인 스티커 크기인 A6 사이즈 105×148mm에 사방
에 도련(여백) 2mm 지정해 만듭니다.

[파일]-[불러오기]로 미리 포토샵으로 그려놓은 이미지를 불러온
후 [오브젝트]-[래스터화]를 눌러 이미지 파일로 만들어 자유롭게
구성합니다.

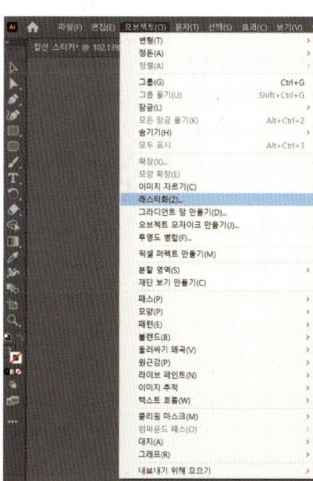

2 레이어 이름을 '돼랑이 그림'으로 붙이고, 그 위에 새 레이어를 추가해 '칼선'이라고 이름 붙입니다. '돼랑이 그림' 레이어는 잠금으로 설정합니다. (스티커 제작할 때 '칼선' 레이어는 따로 만들어주고, 닫힌 패스로 외곽선을 만들어야 합니다.)

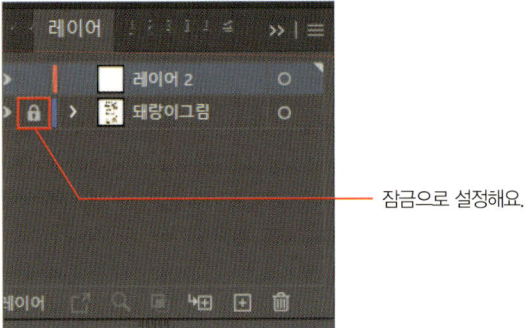

잠금으로 설정해요.

3 색상 M: 100, 선 두께 1pt, 획(Stroke)에서 둥근 단면(Round cap)과 둥근 연결(Round coner)로 설정해 펜 도구로 캐릭터 이미지의 외곽선을 따줍니다. 외곽선을 만들어줄 첫 번째 점을 찍어줍니다.

두 번째 점을 찍은 후 마우스를 누른 상태로 드래그하면 곡선이 생깁니다.

원하는 곡선을 만들기 위해 변곡점의 점을 한 번 더 클릭해줍니다. 방향선이 사라져 곡선의 방향을 쉽게 변경할 수 있습니다.

다음 점을 찍고 마우스를 누른 상태로 드래그하면 곡선이 다시 자연스러워집니다. 이렇게 똑같은 방법으로 따라 그려줍니다.

수정하고 싶은 부분이 있다면 핸들 포인트, 찍었던 점을 조정해 보완할 수 있습니다. 다시 시작점으로 돌아오면 닫힌 패스의 외곽선이 만들어집니다. 이렇게 펜 도구를 이용해 칼선을 완성합니다.

4 인쇄 과정에서 칼선이 밀릴 수 있으므로 이미지와 2mm 이상 여유 있게 간격을 잡습니다. 업체마다 제작방법이 다를 수 있으므로 미리 확인한 다음에 제작해주세요. [오브젝트]-[패스]-[옵셋패스(Offset Path)]를 눌러 패스 이동(Offset) 값을 2mm로 해주고, 연결은 '둥글게'로 설정해줍니다.

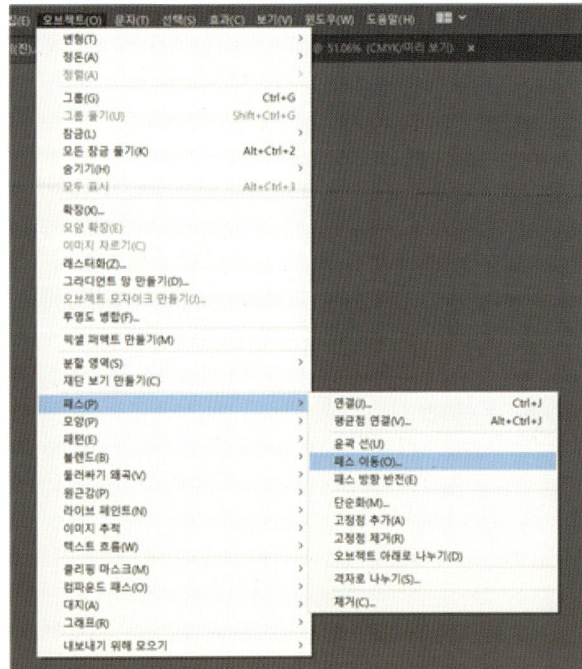

미리 보기를 통해 2mm 밖으로 선이 생긴 것을 알 수 있습니다.

선이 생겼어요.

5 외곽선을 따라 그린 선과 2mm 떨어진 선이 생기면, 안쪽 선을 삭제하고 남은 칼선으로 완성해줍니다.

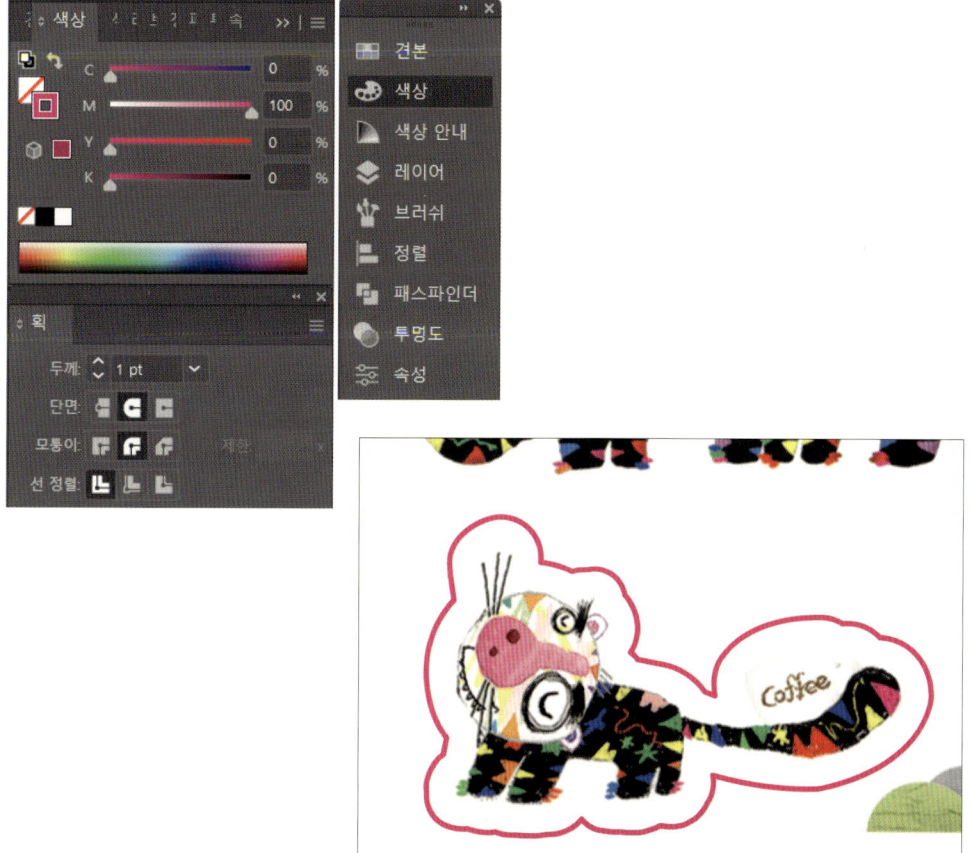

6 다른 캐릭터 이미지들도 같은 방법으로 칼선을 만들어줍니다. 펜으로 따기 어렵고 복잡한 이미지는 2mm 이상 간격을 두고 펜 도구를 활용해 자유롭게 딸 수 있습니다.

7 재단선과 칼선은 업체마다 다르기 때문에 제작방법에 맞게 미리 확인하고 수정합니다. 안전선 안에 '칼선'이 있어야 합니다(재단선으로부터 사방 3mm 안쪽). 안전선은 표시를 위한 것이니 인쇄할 때는 반드시 삭제하거나 투명하게 해줘야 합니다.

안전선 안에 있어야 해요.

안전선이에요.

겹치지 않게 간격을 두세요.

칼선은 2mm 이상 간격을 두어야 합니다. 2mm 정도의 원을 그려 전체적으로 칼선의 간격을 하나씩 점검합니다.

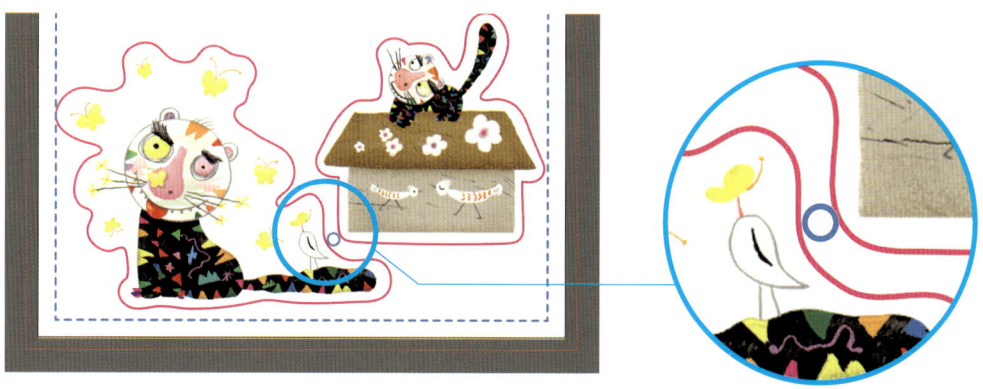

8 레이어 왼쪽 눈 모양 아이콘을 활성화 혹은 비활성화하면서, 칼선과 이미지가 각각의 레이어로 잘 분리되어 있는지 확인합니다. 안전선은 삭제하거나 투명으로 변경합니다.

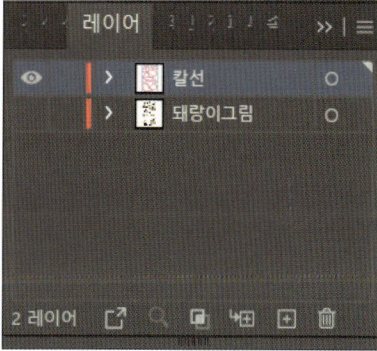

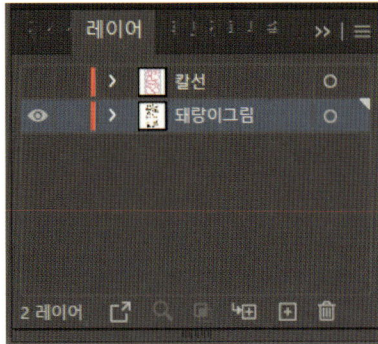

 ## 칼선 스티커 제작할 때 유의할 점

앵커 포인트가 많거나 인쇄업체에서 정한 제한 개수를 초과하는 복잡한 칼선이라면 공정상 커팅 제작이 어렵습니다. 칼선을 단순화하는 방법을 알려드릴게요.

제한 개수를 초과하는 경우 오브젝트 전체를 선택, [오브젝트]-[패스]-[선 단순화(Simplify)] 메뉴를 사용해 개수를 줄일 수 있습니다. 곡선 단순화에서 수치를 조절해 업체에서 요구하는 앵커 포인트 수로 조절합니다.

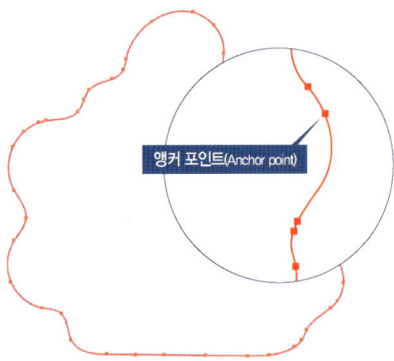

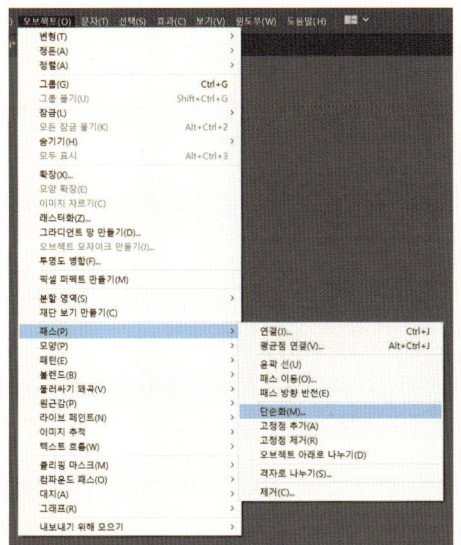

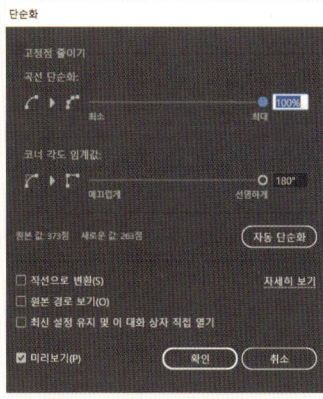

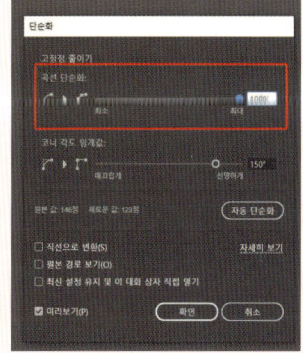

곡선 단순화 적용 전

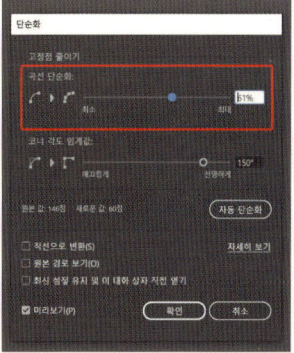

곡선 단순화 적용 후

9 돼랑이 로고와 디자인 저작자명을 보기 좋게 배치합니다. [파일]–[다른 이름으로 저장] 또는 단축키 Shift + Ctrl + S 를 눌러 AI 혹은 PDF 파일로 저장합니다. 제작업체에 파일을 업로드하고 주문합니다.

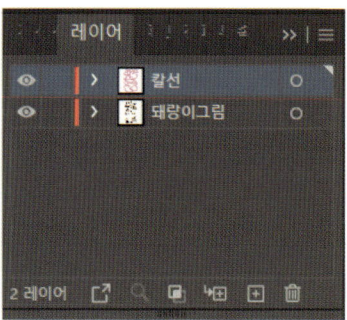

스티커 제작할 때 유의할 점

- 칼선은 반드시 칼선(cut) 레이어에 M100 컬러의 벡터선으로 해야 합니다. 면으로는 작업이 안 됩니다.

- 칼선 레이어에 클리핑 마스크 효과 및 비트맵 이미지를 사용하면 제작이 불가능합니다.

- 칼선이 복잡한 경우 제작이 불가능하므로 최대한 단순하게 해야 합니다.
  (인쇄업체마다 사이즈별 앵커 포인트 개수 제한이 있습니다. 이에 맞춰 제작을 진행합니다.)

- 칼선 간격은 2mm 이상 여유가 있어야 합니다.

- 스티커 그림이 될 이미지 영역은 그림보다 사방으로 2mm 크게 칼선을 만들어줍니다.

- 최종 파일을 저장할 때 글자(텍스트) 아웃라인은 필수입니다.

- 중요한 그림 이미지는 안전선 영역에서 작업해야 합니다.

- 안전선, 재단선은 삭제해야 합니다. 삭제하지 않으면 그대로 인쇄가 됩니다.

- PDF로 저장할 때 [Illustrator Default(일러스트레이터 초기 값)]을 선택한 후 저장해야 합니다.

- 인쇄업체마다 제작 방식이 다르니 꼭 사전에 확인한 후 작업합니다.

✛ 벡터 이미지로 쉽게 칼선 만들기

일러스트레이터에서 작업한 캐릭터 이미지라면 좀 더 쉽고 단순하게 칼선을 만들 수 있습니다.

1 면과 선으로 만들어진 개구리 벡터 캐릭터 이미지를 불러와 복제합니다. 원본 이미지는 잠금을 통해 손상되지 않도록 합니다. [Alt]를 누르면서 동시에 드래그하거나, 레이어를 아래 (Create new layer) 아이콘에 드래그하면 복제가 됩니다.

2 개구리 캐릭터 전체를 선택한 후에 [오브젝트]–[확장(Expand)]을 클릭하여 눈, 입, 다리의 선을 면으로 만들어
줍니다.

3 선택한 캐릭터를 패스파인더에서 합치기(Unit) 아이콘을 눌러 하나의 면으로 합쳐줍니다.

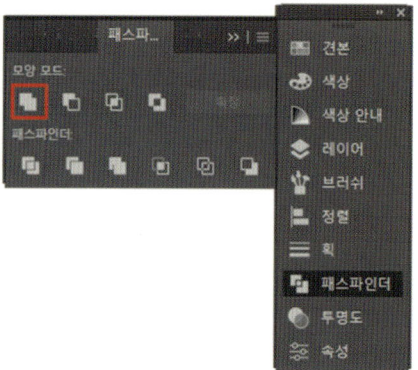

4 [오브젝트]-[패스]-[옵셋패스]를 눌러 패스 이동 값을 2mm로 해줍니다.

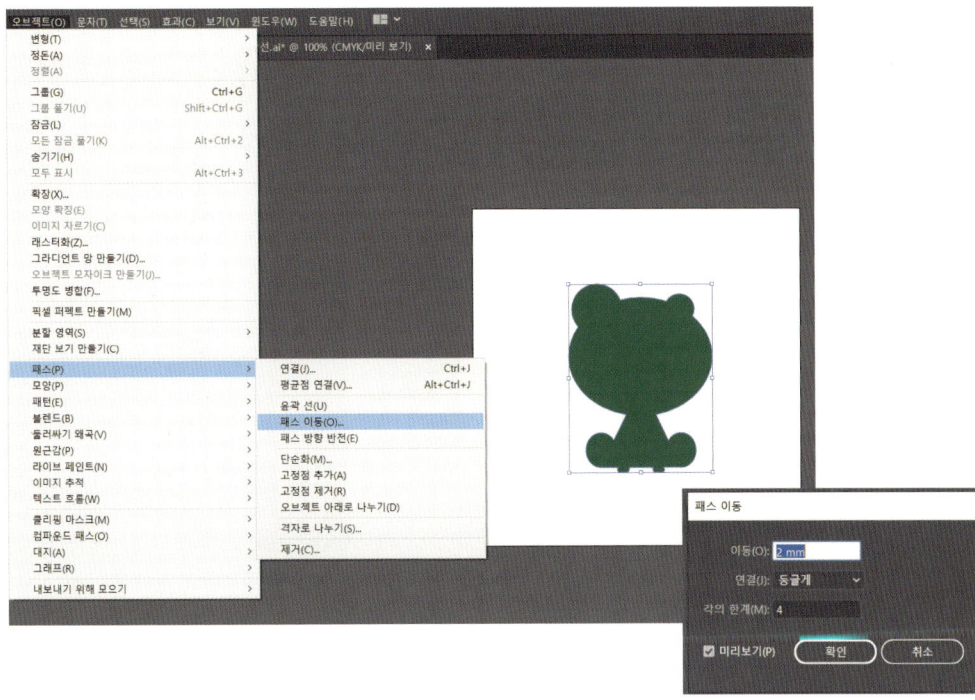

5 패스 이동한 면을 클릭한 후, 면을 없애고 패스 선으로 남깁니다. (칼선 두께는 일반적으로 1pt, 칼선 색은 M100 으로 설정하지만, 인쇄업체마다 다를 수 있으니 작업 전 미리 확인합니다.)

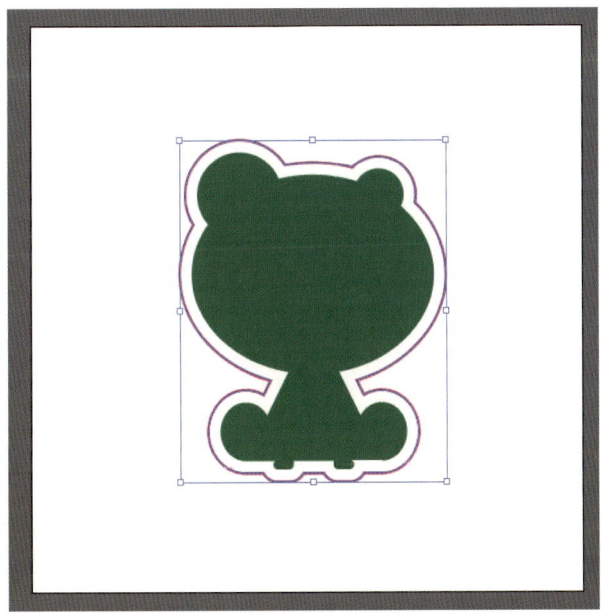

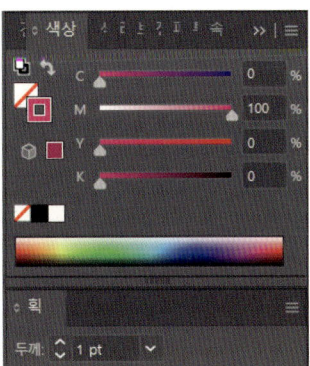

6 필요 없는 앞면 이미지를 삭제하고, 칼선과 개구리 레이어가 분리되어 있는지 다시 확인한 후 완성합니다.
(칼선 레이어는 인쇄할 그림 레이어와 반드시 따로 만들어야 합니다.)

조각 스티커는 배경지에서 떼어내면 조각이 떨어져 있다

도구를 활용해 조각 스티커 만들기

인쇄업체마다 요구하는 사항이 다르지만, 완칼 스티커(조각 스티커)는 뾰족한 칼선은 안 되기 때문에 칼선을 되도록 둥글게 작업해야 합니다. 칼선을 일일이 수정할 수도 있겠지만 도구 패널에서 [매끄럽게 도구(스무스 도구)]를 이용하면 곡선이 만들어집니다.

[매끄럽게 도구]는 연필 도구를 길게 누르면 나옵니다. 칼선을 선택한 상태에서 뾰족한 부분을 둥글게 해줍니다. 연필로 그리듯 자연스럽게 그립니다. 여러 번 많이 할수록 더욱 둥글어집니다.

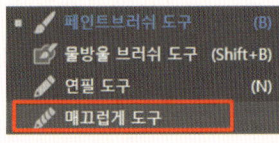

옵셋(Offset)으로만 만든 칼선

매끄럽게 도구로 둥글게 만든 칼선

CHAPTER 9

복을 붙이는 마스킹테이프 만들기

 일러스트레이터 이용

✛ 마스킹테이프 규격

깜찍하고 예쁜 마스킹테이프가 많이 나와 있지만, 내가 직접 디자인해 만들면 색다르겠죠? 내 마음대로 디자인해서 행복과 복을 찰싹 붙이는 아기자기한 마스킹테이프를 만들어볼게요.

마스킹테이프의 세로는 제작업체에서 지원되는 규격 크기여야 합니다. 대부분 12~30mm이고, 그 외 크기는 별도로 주문해야 합니다. 마스킹테이프의 표준 길이는 10m이지만 디자인을 넣어 따로 제작할 때는 가로 길이의 제한이 없습니다. 테이프의 접착력과 종이 종류 및 두께는 제작업체에서 샘플을 받아서 확인할 수 있습니다.

패턴, 캐릭터, 타이포, 아이콘 등 다양한 이미지 소스를 활용해 디자인할 수 있으니 재미있는 아이디어로 예쁜 마스킹테이프를 만들어보세요.

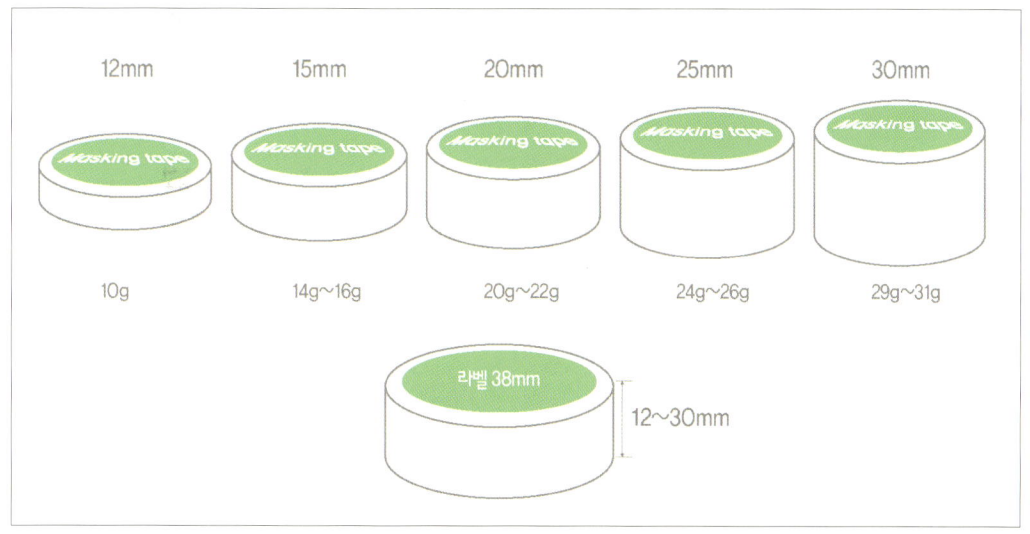

마스킹테이프 규격과 라벨 규격

➕ 인쇄 방식

- **중앙 인쇄 방식:** 재단 시 밀림 방지를 위해 상하 도련(여백) 1~1.5mm 안전선 안에 그림을 넣어 디자인합니다. 가장 흔하게 제작하는 방식입니다.

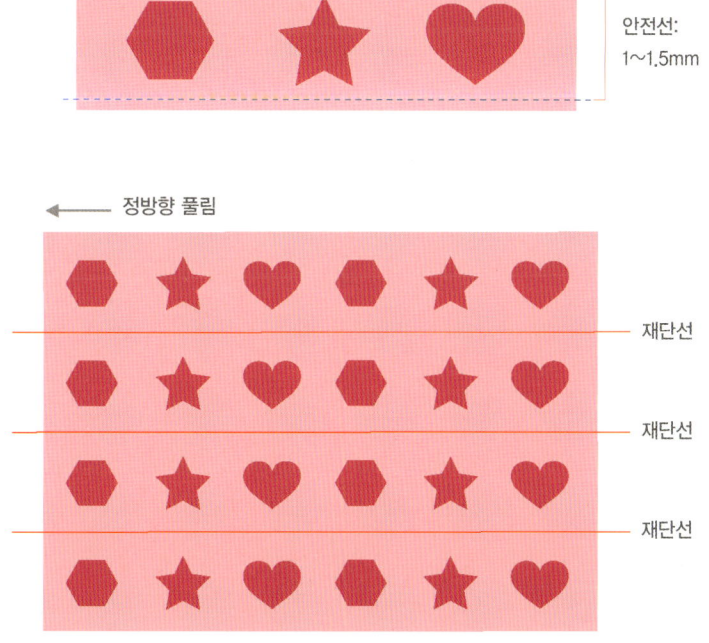

■ **상하 맞물림 방식**: 일정한 패턴으로 배경을 구성하여 위아래 이어지게 하는 방식입니다. 위아래가 반복되더라도 중요한 이미지는 안전선 안쪽에 들어가야 합니다.

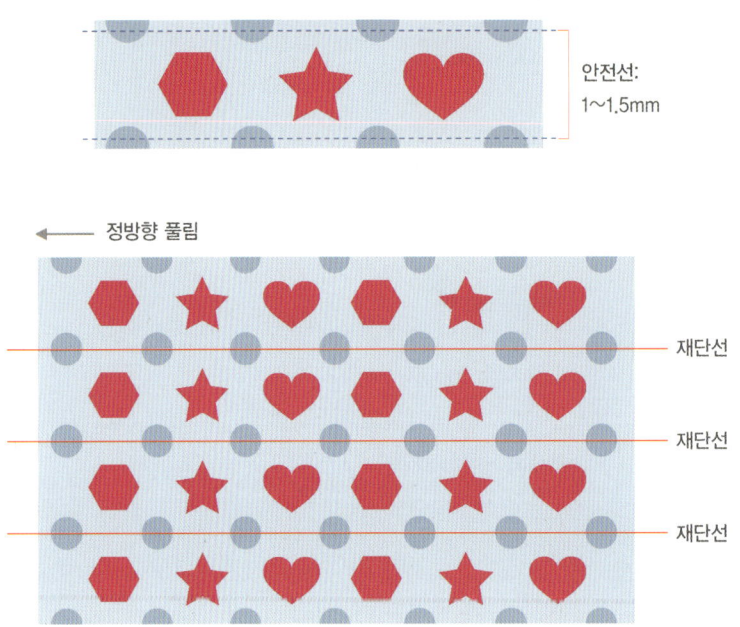

안전선:
1~1.5mm

정방향 풀림

재단선

재단선

재단선

■ **상하 반전 방식**: 배경 패턴이 일정치 않을 때 상하로 반전시켜 디자인을 구성하고, 인쇄하는 방식입니다.

안전선:
1~1.5mm

정방향 풀림

역방향 풀림

재단선

재단선

재단선

■ **투 터치 방식**: 배경 패턴이 일정치 않고, 글씨가 들어가는 등 반전시킬 수 없는 이미지가 들어간 디자인을 구
성할 때 인쇄하는 방식입니다. 위아래 2.5mm씩 도련(여백)을 주고 작업해야 합니다.

✚ 마스킹테이프 디자인 파일 제작하기(일러스트레이터 이용)

1 세로 12~30mm 중 원하는 크기를 선택해 제작업체의 템플릿을 다운로드합니다. 가로는 보통 300mm로
디자인하지만, 원하는 크기로 조절할 수 있으니 자유롭게 하면 됩니다. 예시는 세로 12mm, 테이프 길이는
10m의 마스킹테이프를 만들려고 합니다. 화면에 잘 보이도록 가로 80mm로 조정해 작업했습니다.

2 마스킹테이프 안에 넣을 이미지를 그리거나 미리 작업한 이미지를 불러옵니다.

3 위아래로 불규칙하게 놓인 캐릭터 이미지들을 [대지에 정렬]을 클릭해 가지런하게 합니다. 그런 다음 [선택 항목에 정렬]을 클릭해 가로 공간에 균등한 간격으로 이미지가 배치될 수 있게 합니다.

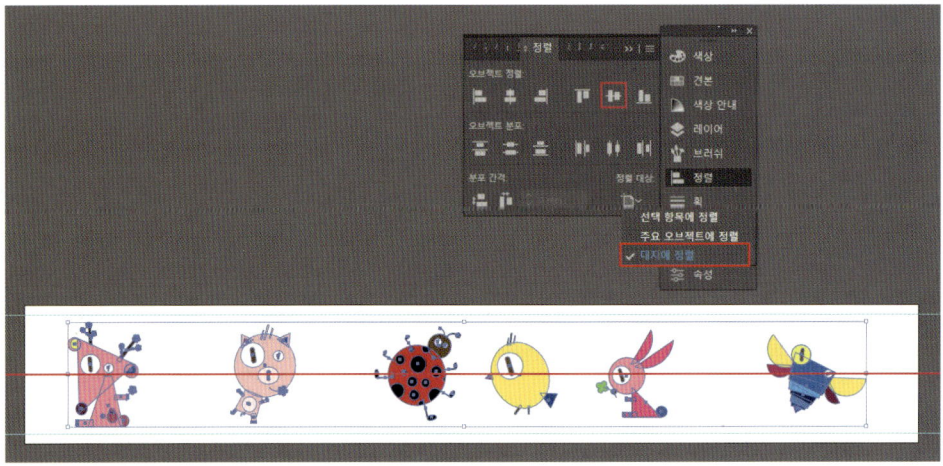

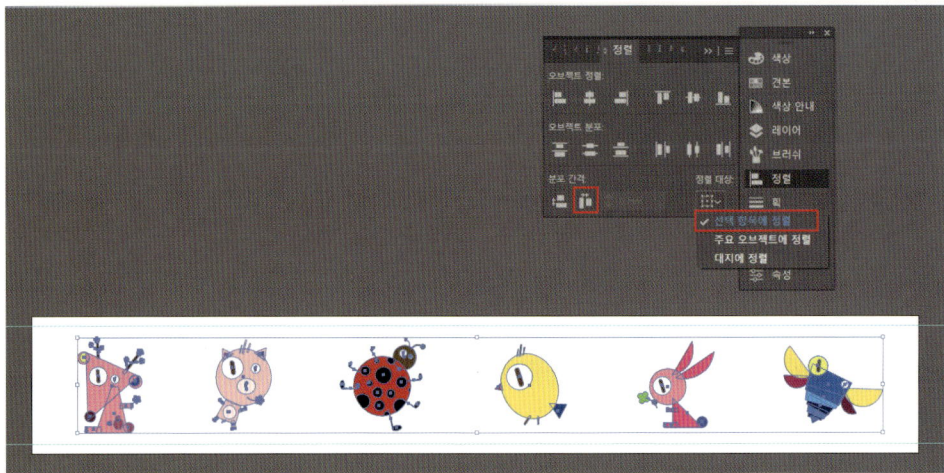

4 캐릭터 배경 이미지 위로 사각형 도구를 이용해 자연의 느낌이 나도록 배경색을 만들어줍니다. Shift +
Ctrl +] 를 누른 뒤 배경으로 보내 디자인을 완성합니다.

5 안내선을 삭제한 후 완성한 디자인을 전체 선택합니다. Alt + Shift 를 함께 눌러 바로 옆으로 복사 이동해
줍니다. 이때 마스킹테이프 디자인이 자연스럽게 맞물려 있는지 확인합니다.

여기서 주의할 점은 디자인할 때, 위 사진처럼 양 끝 간격을 중간 간격의 1/2만큼 주어야 연결 부분이 자연스
럽습니다. 그대로 반복하면 아래 2번처럼 두 배의 여백이 생기기 때문에 양 끝 간격은 무조건 절반으로 설정
해야 합니다.

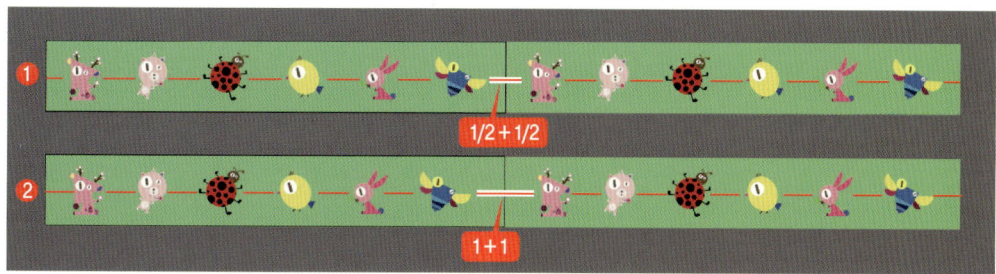

6 디자인이 완성되었다면 모든 오브젝트를 선택한 후 마우스 오른쪽을 클릭해 그룹화시킵니다.

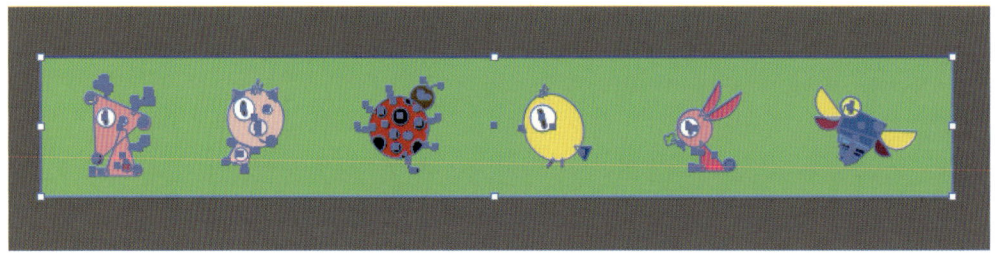

7 [파일]–[다른 이름으로 저장]에서 인쇄업체가 원하는 파일이나 PDF 파일로 저장한 후 업로드합니다.

✛ 마스킹테이프 라벨 제작하기

마스킹테이프 포장용 라벨을 작업하기 위해 업체에서 다운로드한 원형 라벨 템플릿을 열거나 새로 만들어줍니다. 라벨 재단선 크기는 38mm, 작업선은 도련(여백)을 넉넉히 주어 41mm로 설정합니다. 로고가 들어간 마스킹테이프 라벨을 만듭니다.

디자인이 완성되면 안내선을 삭제하거나 비활성화한 후, [파일]–[다른 이름으로 저장]을 선택해 PDF로 저장하여 업로드합니다.

인쇄 전 업체에서 보내준 확인용 마스킹테이프 시안물

 기본 도형으로 오브젝트 만들기

일러스트레이터에서 단순한 이미지나 캐릭터를 만들 때 가장 많이 사용하는 기능 중 하나입니다. 예를 들어 도구 패널에서 사각형 도구를 길게 누르면 보조 창이 나와 도구를 선택할 수 있습니다. 사각형, 둥근 사각형, 원, 다각형, 별 등을 표현할 수 있습니다. 각 도형을 선택하고 아트보드에 드래그하면 도형이 그려집니다. [Shift]를 누른 채 드래그하면 정비율로 표현되고, [Alt]를 누른 채 드래그하면 중심부터 그려집니다.

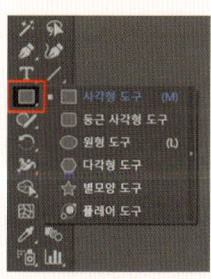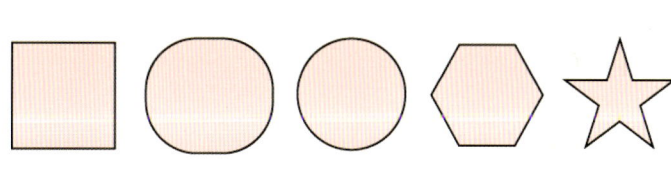

또한 아트보드 작업화면을 누르면 수치를 입력할 수 있는 창이 나타나, 더 정교하게 도형을 그릴 수 있습니다.

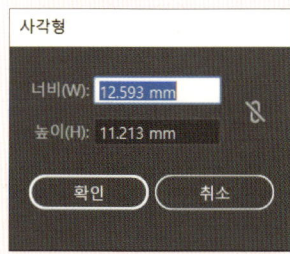

기본 도형만으로 만든
달팽이 캐릭터

CHAPTER 10

'긍정 인생' 에코백 만들기

 포토샵 이용

✚ 에코백 종류

나만의 감성을 담은 긍정 인생 에코백을 만들어보세요. 에코백의 종류에는 몇 가지가 있습니다. 스탠더드 에코백, 토트백 등 다양한 디자인이 있는데요.

- **스탠더드 에코백**: 주로 많이 보이는 세로가 긴 사각형 디자인의 에코백.
- **토트백**: 손에 들고 다니는 가로가 긴 에코백.

스탠더드 에코백

토트백

✚ 에코백 원단

- **캔버스**: 에코백에서 가장 많이 쓰이는 원단으로 두껍고 튼튼해서 가방 모양이 흐트러지지 않습니다.

- **리넨**: 얇고 가벼워 자연스러운 느낌을 줍니다.

- **10수와 20수 차이**: 20수보다 10수가 두껍고 단단합니다. 10~20수 캔버스 천은 주로 에코백에 쓰이며, 20~30수 천은 가볍고, 인쇄가 잘되어 파우치 등에 많이 활용됩니다.

✚ 만들어보세요

1 에코백에 담고 싶은 이미지를 만듭니다. 어린아이가 그린 듯한 단순한 느낌의 돼랑이 캐릭터를 담아볼게요. 제작업체를 선정, 가로 35×세로 42×끈 높이 25cm 크기의 스탠더드 에코백을 골라 그림 인쇄 영역 크기에 맞게 일단 밑그림을 그립니다.

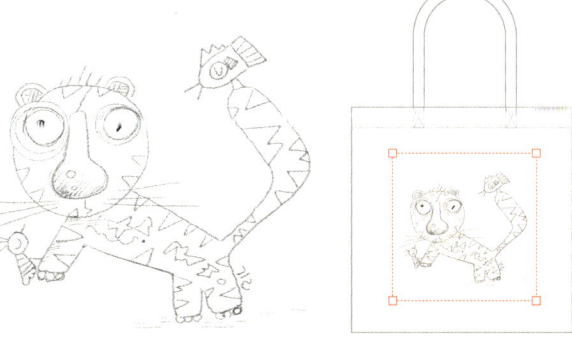

2 포토샵에서 그림 인쇄 가능 영역 가로세로 23×23cm를 만듭니다. 캔버스에 임의의 작업선을 사방에 5mm 정도 간격을 더 주고 만든 다음 미리 그려놓은 돼랑이 스케치를 불러옵니다.

3 캔버스 크기에 맞춰 적당한 구도로 배치합니다. 페인팅하기 위해 스케치 이미지 레이어는 불투명도를 50%로 맞추고 움직이지 않게 잠금장치를 합니다.

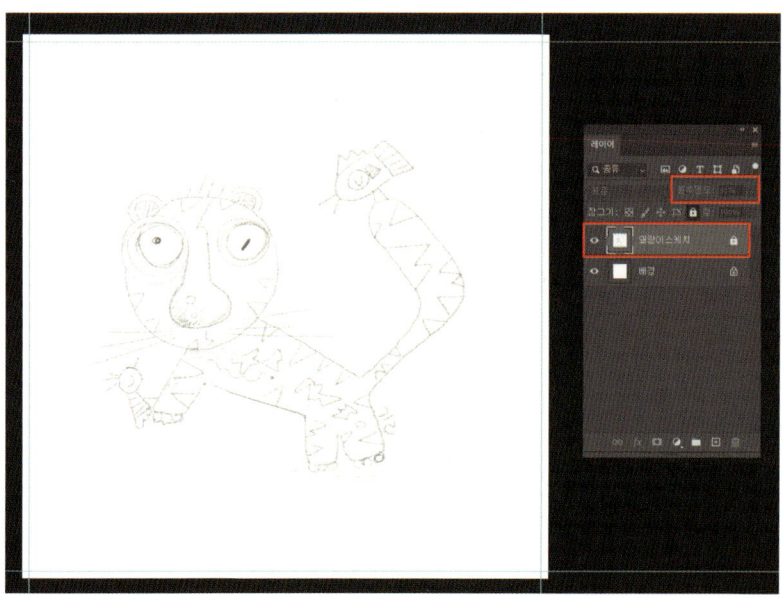

4 페인팅하기 위해 미리 얼굴, 몸, 눈코입, 문양, 보조 캐릭터인 새의 순서로 각각 오브젝트 레이어를 만듭니다. 레이어를 따로 만드는 이유는 수정과 보완을 쉽게 하기 위해서입니다.

5 순수한 어린아이가 그린 느낌을 표현하기 위해 브러시 패널에서 파스텔 느낌의 드라이 브러시를 선택합니다. 브러시 설정에서 모양, 텍스처, 이중 브러시, 보정 수치를 잘 조절합니다. 브러시 크기는 9~15px을 설정합니다.

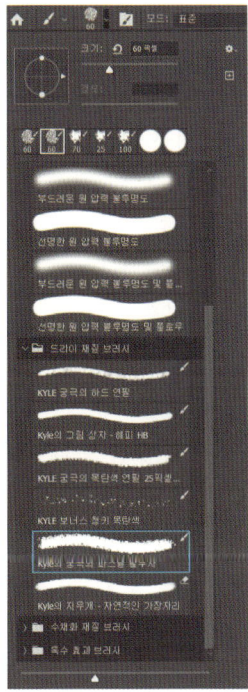 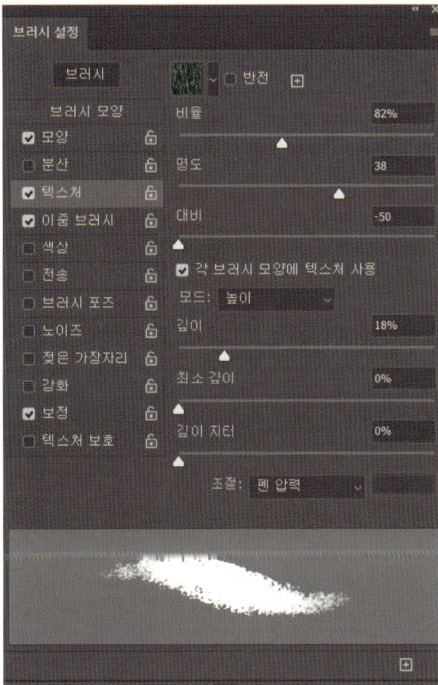

6 전경색을 검은색으로 설정하고, 스케치 중심으로 라인과 면 채색 페인팅을 합니다. 하나씩 오브젝트 레이어를 선택해 페인팅합니다. 필압을 조절하며 스케치에 따라 자유롭게 손 가는 대로 연필선 위에 그립니다. 손으로 그린 듯한 느낌을 표현하면 됩니다. 먼저 몸통을 그립니다.

 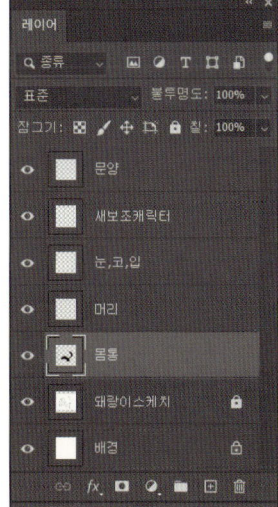

머리, 보조 캐릭터 등 차례대로 그려줍니다. 레이어 순서를 잘 보면서 형태와 페인팅을 합니다.

채색까지 끝나면 전체적으로 부족한 부분이 있는지 살펴 마무리 작업을 합니다. 그다음 필요 없는 스케치 레이어는 삭제하고, 마지막으로 레이어 하나하나 그림을 살펴보면서 전체적으로 점검합니다.

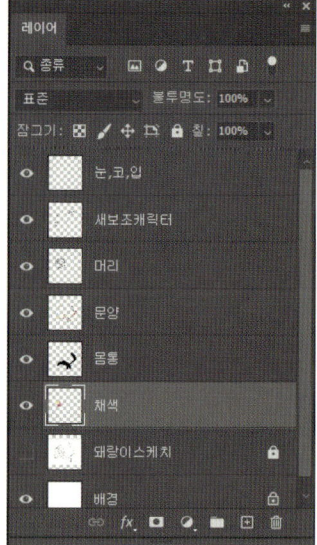

7 에코백 돼랑이 캐릭터가 완성되었습니다. [파일]-[다른 이름으로 저장]을 클릭하거나 Ctrl + Shift + S 를
눌러 JPG나 PDF 파일로 저장합니다.

8 제작 사이트에 접속해 원하는 에코백을 선정한 뒤 파일을 업로드합니다. 인쇄 가능 영역에서 위치와 크기를
다시 한번 조절합니다. 텍스트, 자수 등 추가 옵션과 캐릭터와 어울리는 에코백 색상을 정합니다. 뒷면도 디
자인할 수 있으니 필요하다면 뒷면도 디자인합니다.

긍정과 행복이 가득한 폰 케이스 만들기

 일러스트레이터 이용

✚ 폰 케이스 인쇄 방법

곡면 인쇄 케이스 템플릿(좌), 투명 & 평면 인쇄 케이스 템플릿(우)

- 곡면 인쇄: 케이스 옆면과 섬세한 모서리까지 인쇄할 수 있어 인쇄 영역이 좀 더 여유 있어야 합니다.

- 투명 & 평면 인쇄: 앞면만 인쇄하기 때문에 템플릿 영역 밖으로 나가지 않게 작업해야 합니다.

+ 만들어보세요

1 제작업체에서 배경색이 있는 곡면 하드 케이스의 템플릿을 자신의 휴대전화 기종에 맞는 것으로 다운로드해 포토샵에서 엽니다. 휴대폰 케이스에 들어갈 이미지를 만듭니다. 일러스트레이터에서 패턴 형식의 단순한 나무와 캐릭터를 그립니다.

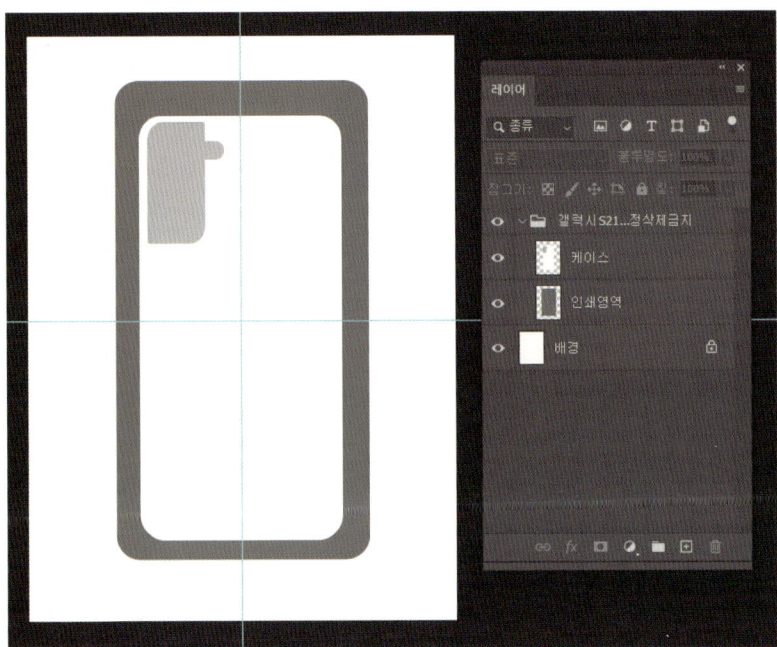

2 선과 면으로 이루어진 단순한 나무를 그리기 위해 원형 도구를 선택해 타원 4개를 그립니다.

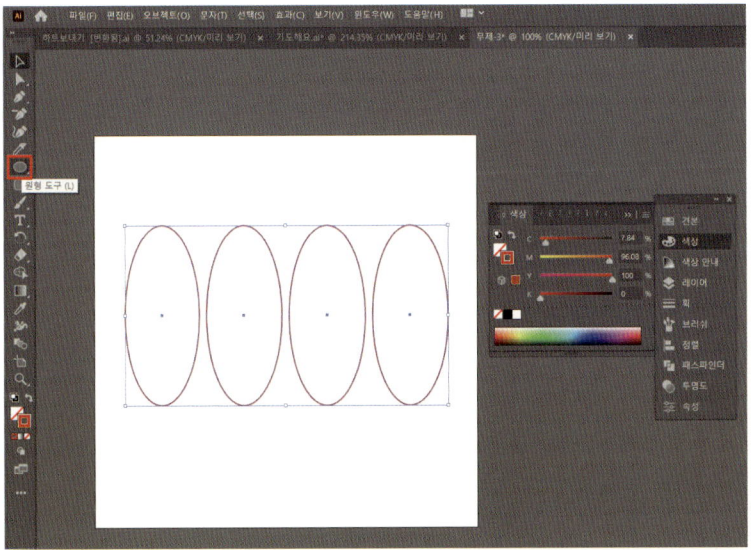

3 타원을 선택한 다음 고정 점 추가 도구로 조금 더 둥근 형태의 나무 모양을 만들기 위해 4개의 타원형에 몇 개의 점을 자유롭게 찍습니다. 직접 선택한 도구로 타원의 모양을 조금 더 변형해 정리합니다. 이렇게 4개의 타원을 조형미가 있게 조금씩 다르게 정리합니다.

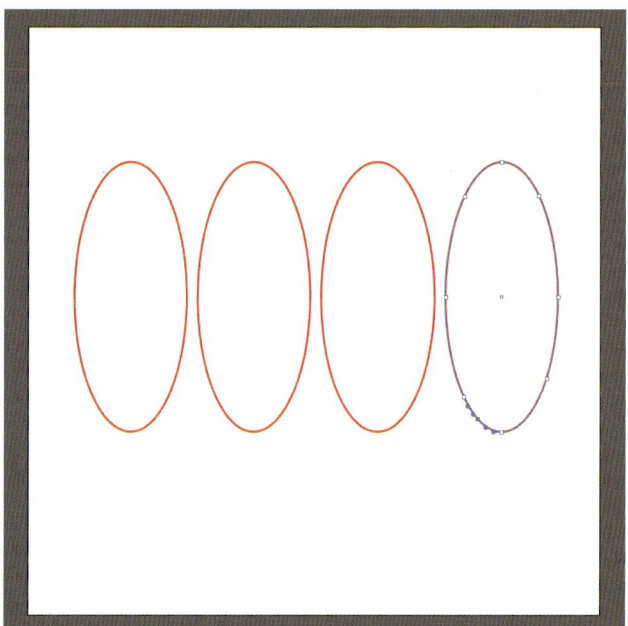

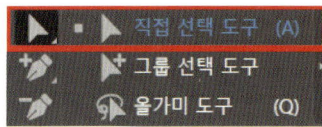

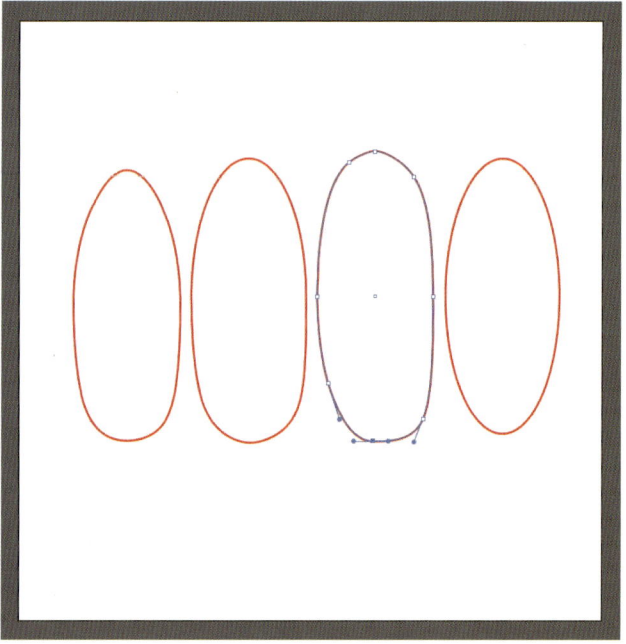

4 나무 기둥을 만들기 위해 붓선을 선택해 4개를 그려줍니다.

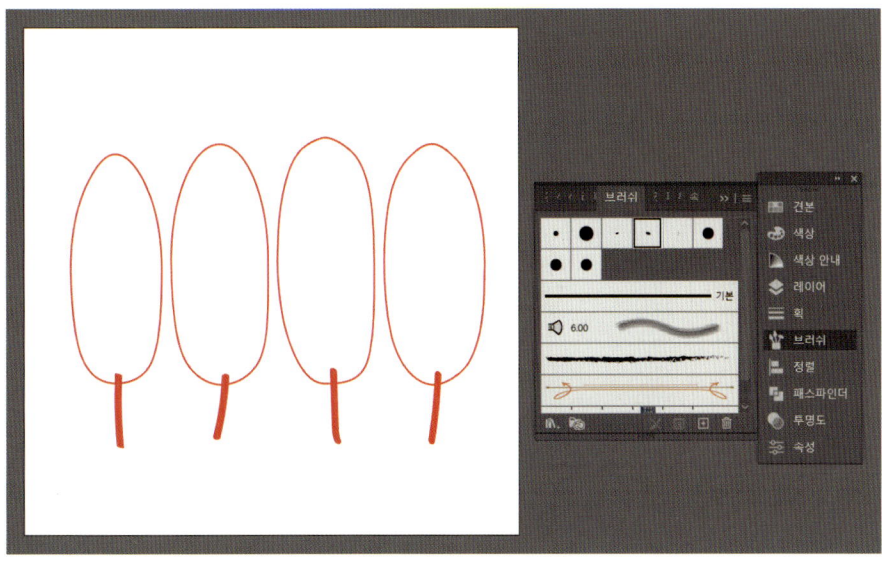

5 4개의 나무 기둥 선을 선택해 [오브젝트]-[모양 확장]을 눌러 붓선을 면으로 만들어줍니다. 마찬가지로 직접 선택 도구로 모양을 다듬어줍니다.

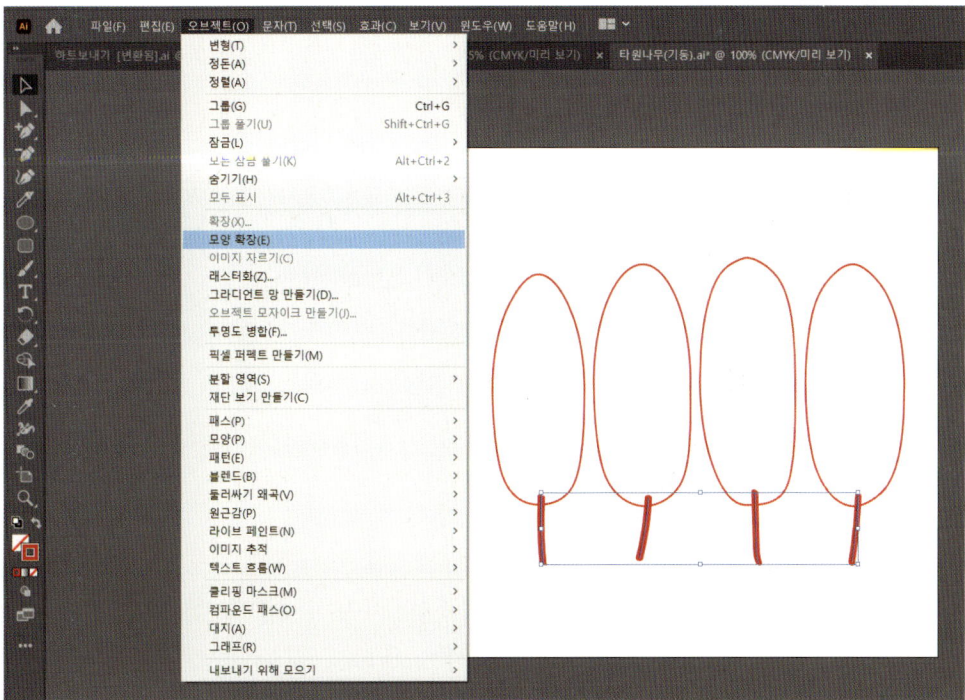

6 어느 정도 나무 이미지가 만들어지면, 휴대폰 케이스 이미지에 어울리는 색상을 골라 4개의 나무를 채웁니다. 전체 한 덩어리 느낌의 나무 모양을 만들기 위해 크기와 위치를 조절해 예쁜 나무 형태가 나오게 합니다. (긍정 인생 캐릭터 '행복이'도 만들어줍니다.)

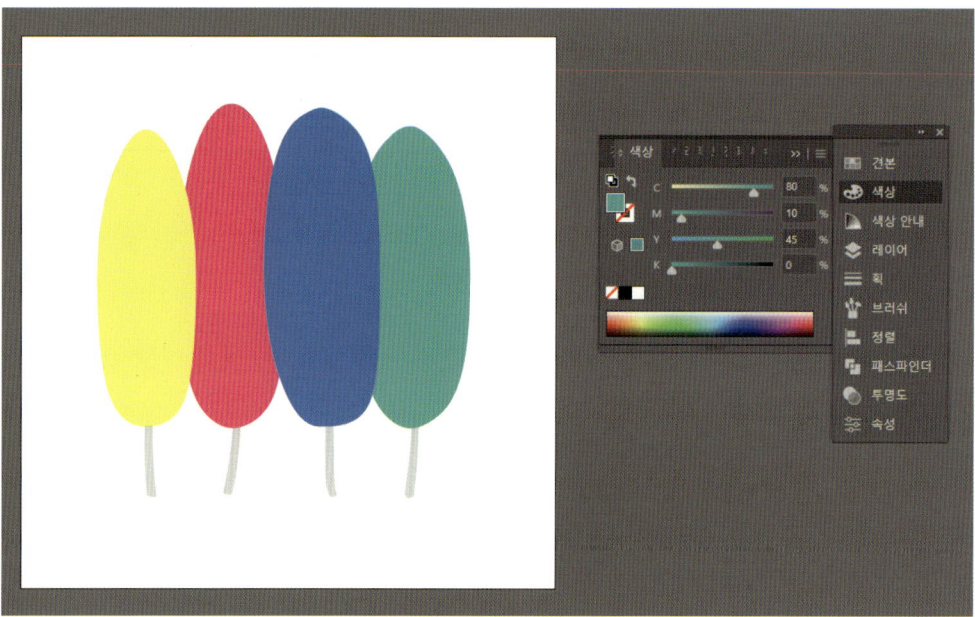

7 일러스트레이터로 만든 '긍정과 행복' 이미지(나무, 캐릭터)를 포토샵으로 불러옵니다. 그림 전체를 선택해 불러옵니다.

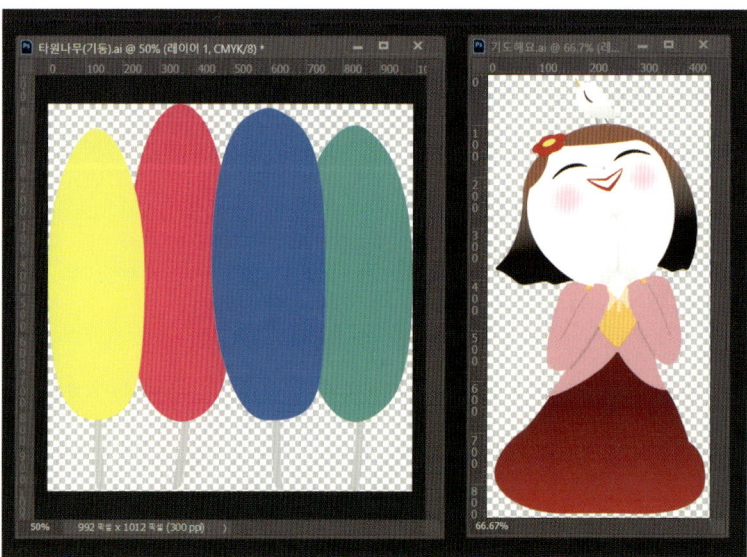

8 템플릿 파일에 이미지들을 가져와 레이어에 이름을 붙입니다. 화면 중앙에 안내선을 표시한 후 보기 좋게 화면을 구성합니다.

9 안내선을 숨기고(Ctrl + ;), 오브젝트 크기([편집]-[크기]-[비율])를 케이스에 어울리게 조절합니다. 캐릭터도 보기 좋게 가운데에 배치합니다. 카메라 렌즈에 이미지가 넘어가지 않도록 주의하세요. 미리 만든 꽃문양을 나무 위에 놓아 좀 더 풍성한 느낌을 줍니다.

10 휴대폰 케이스 배경을 흰색으로 하기 위해 새로운 레이어를 추가하고, 인쇄 영역만큼 흰색으로 채웁니다.

 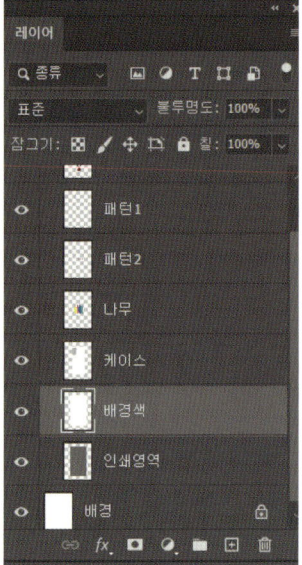

11 디자인이 완성되면 배경과 오브젝트를 하나로 합칩니다. Shift 를 누른 채 병합하려는 레이어를 동시에 선택한 뒤 마우스 오른쪽을 클릭해 [레이어 병합]을 눌러줍니다. 템플릿 레이어와 인쇄할 그림 레이어는 따로 있어야 합니다.

12 [파일]–[다른 이름으로 저장]을 눌러 JPG 혹은 PDF 파일로 저장한 다음 인쇄업체에 업로드합니다.

다양한 긍정 인생 캐릭터를 활용한 휴대폰 케이스 디자인

CHAPTER 12

질리지 않는 스마트 그립톡 만들기

 일러스트레이터 이용

✚ 스마트폰을 자주 사용하는 나를 위한 그립톡

스마트폰 케이스를 만들었다면, 이제 더욱더 편하게 잡을 수 있는 그립톡을 만들어볼까요? 매일 사용하는 스마트폰을 더욱 편하게 쓰기 위해 꼭 필요한 그립톡. 그립톡은 이벤트 홍보물, 판촉 물 등 프로모션 아이템으로 인기가 좋습니다. 그립톡도 단순한 이미지일수록 시선을 끌 수 있어요. 부엉이를 활용해 단순한 도형과 비율로 인상적인 캐릭터를 만들어보겠습니다. 귀여움이 가득한 부엉이로 손쉽게 디자인해보세요. 인쇄 프린팅 방법에는 무광, 유광, 에폭시가 있습니다. 제작업체마다 인쇄 방식에 차이가 있으니 미리 확인한 후 제작하세요.

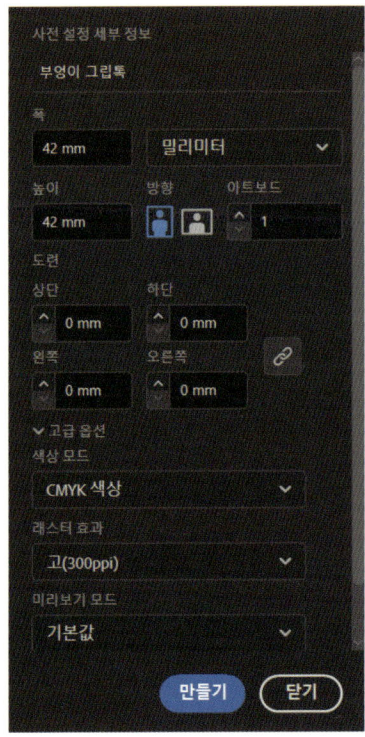

✚ 만들어보세요

1 업체에서 다운로드한 템플릿을 이용하거나 새로 파일을 만듭니다. 그립톡 크기마다 필요한 도련(여백)이 다르니 제작방법을 잘 확인하면서 만듭니다. 일반적인 크립톡 크기인 40×40mm에 도련(여백)을 더한 42×42mm의 새 아트보드를 만듭니다.

2 타원 도구를 이용해 42×42mm 작업선, 38×38mm의 인쇄선, 34×34mm의 안전선을 만듭니다. 작업선, 그립톡 인쇄선, 안전선의 색상은 임의로 설정하고, 캐릭터가 완성되면 나중에 삭제합니다.

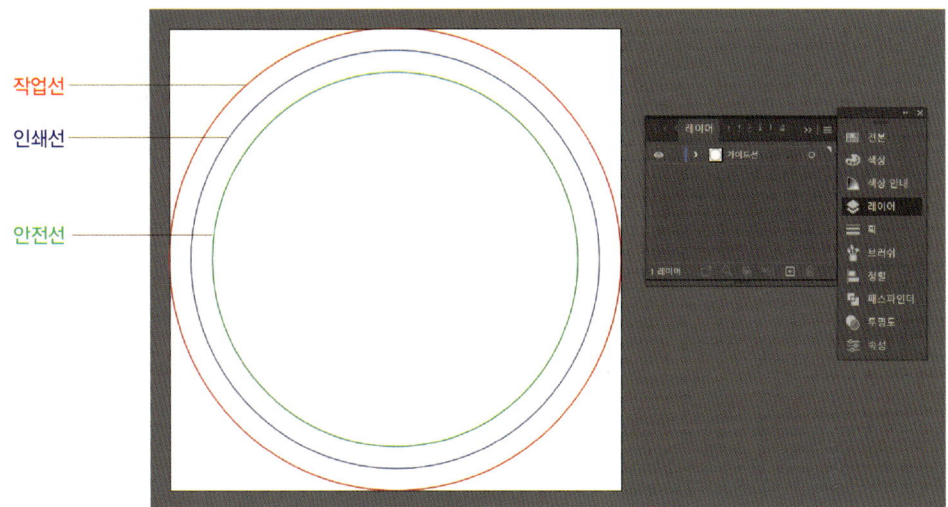

3 [파일]–[가져오기]를 눌러 미리 스케치한 부엉이 캐릭터 이미지를 가져옵니다. 크기에 맞게 조절해 작업선 안에 놓습니다.

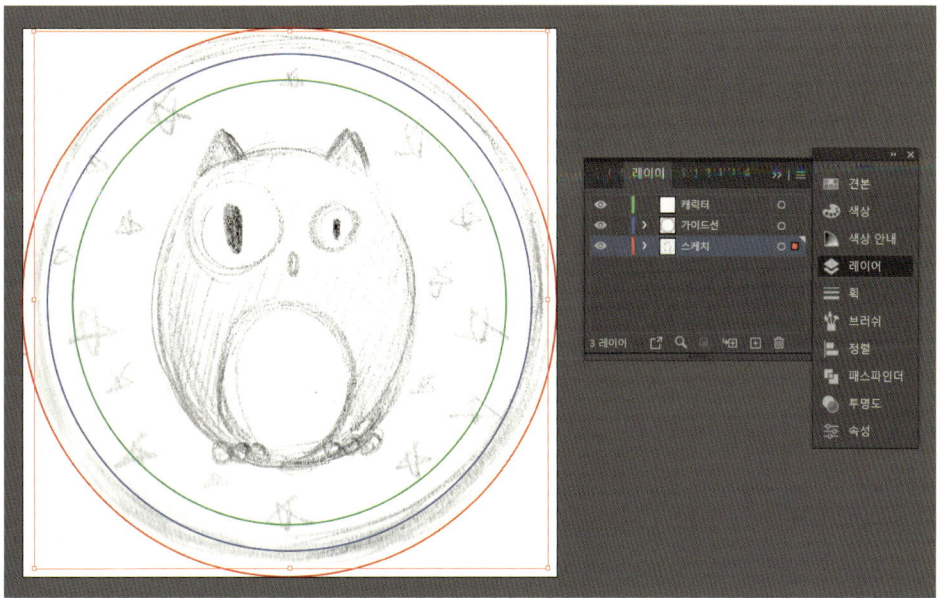

4 보기 편하게 작업하기 위해 스케치 레이어의 투명도 창에서 투명도를 조절해 이미지를 흐리게 합니다.

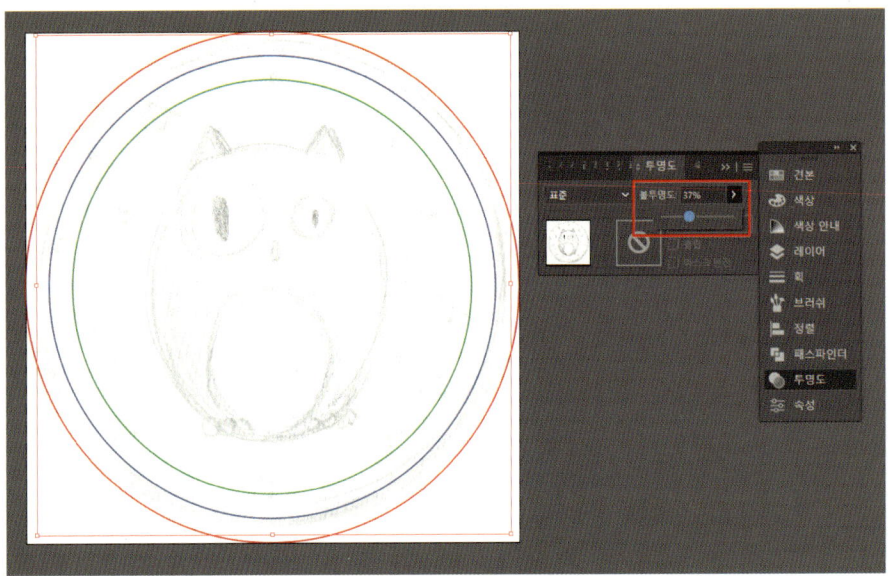

5 좀 더 수월하게 작업할 수 있도록 안내선과 스케치 레이어는 잠금으로 설정합니다.

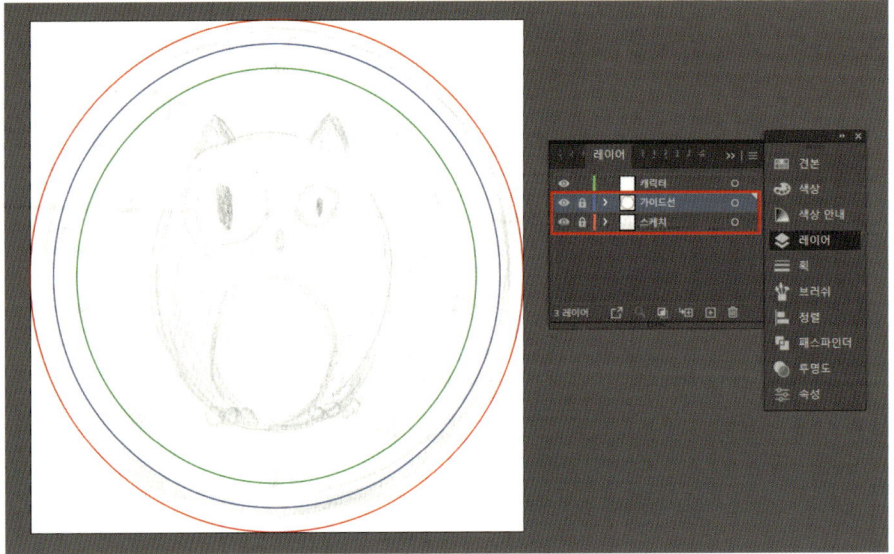

6 캐릭터 레이어에 단순한 원형, 세모, 선 등 도형만으로 부엉이 캐릭터를 만들려고 합니다. 레이어를 선택하고 선은 빨간색으로 설정합니다. 원형 도구를 이용해 스케치한 부엉이 크기에 맞게 그려줍니다.

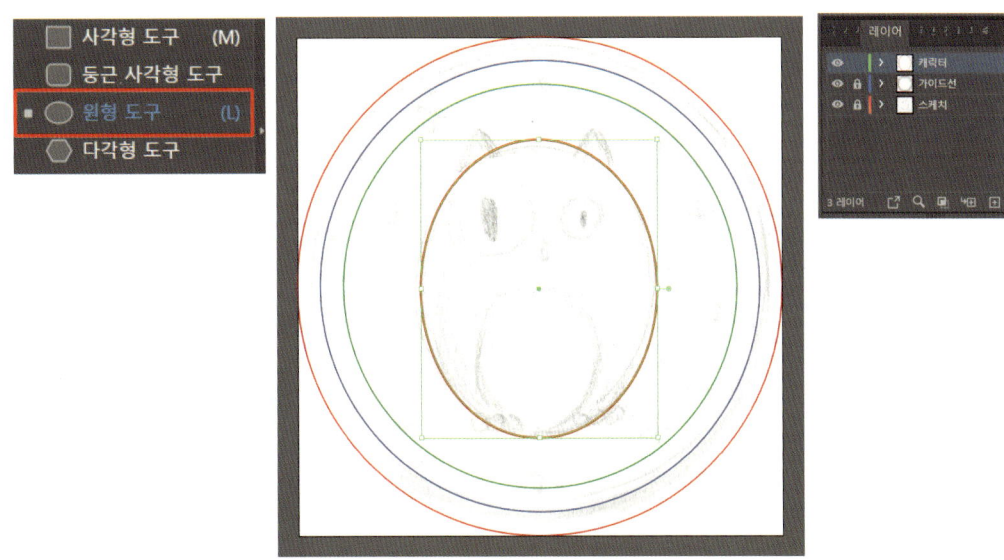

7 두 개의 눈도 원형 도구로 그려줍니다. 눈동자는 선분 도구로 선의 굵기를 다르게 해 재미있는 모양을 만들어줍니다.

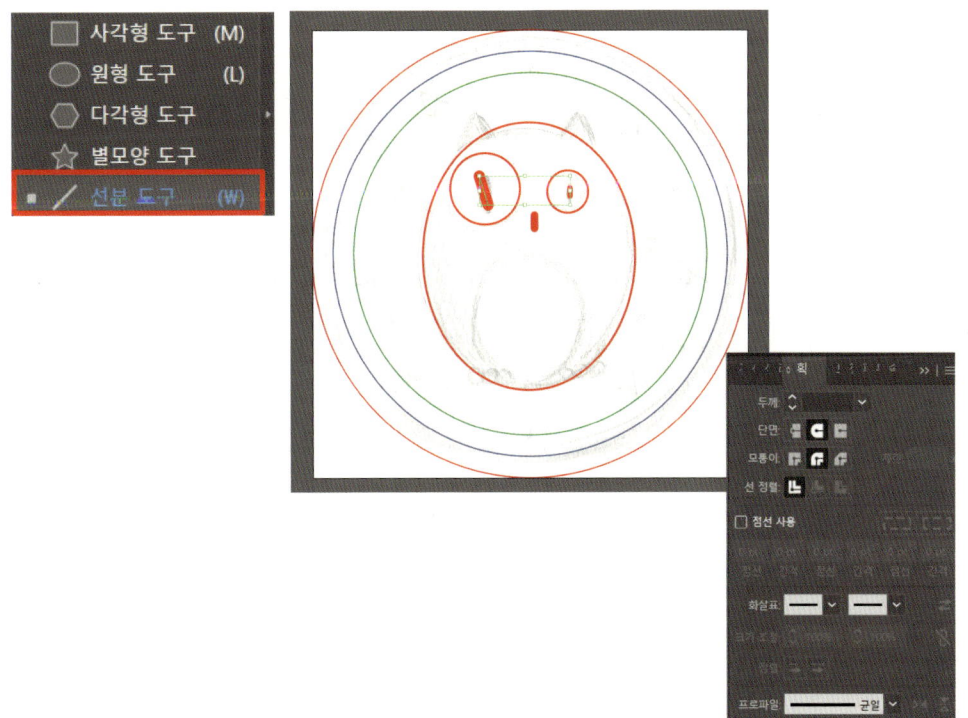

8 선택 도구로 눈동자, 입을 동시에 선택해 [오브젝트]–[패스]–[윤곽선]을 눌러 선을 면으로 만들어줍니다.

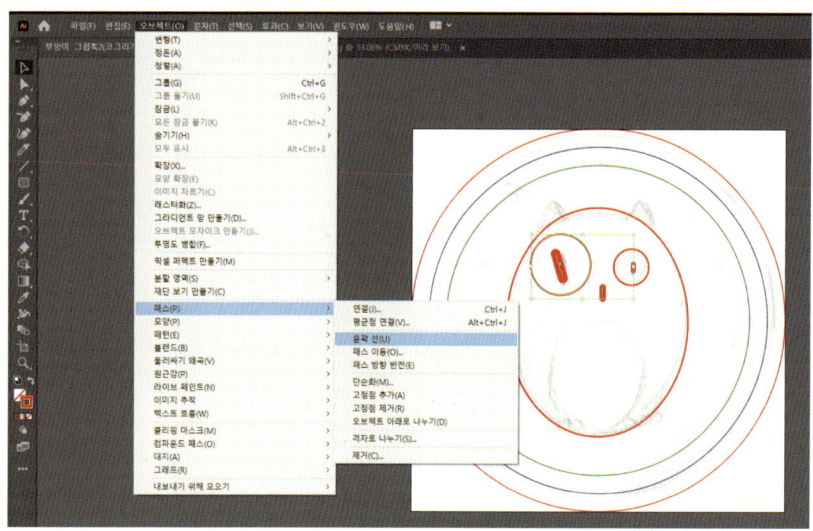

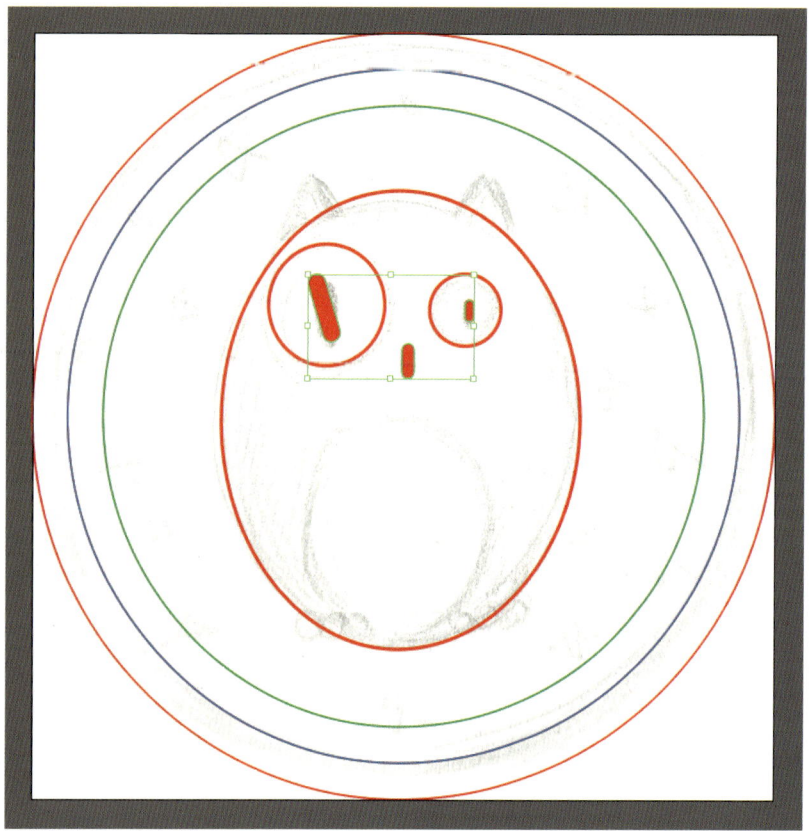

9 세모 모양의 부엉이 귀를 그리는 방법에 몇 가지가 있지만, 일단 사각 도구를 선택해 정사각형을 만듭니다. 직접 선택 도구로 두 점을 한 점으로 만들기 위해 패스 꼭지점 양쪽 두 개를 선택해, 단축키([Ctrl]+[Alt]+[J])를 눌러 평균점 연결 창의 모두를 선택해 세모로 만들어줍니다.

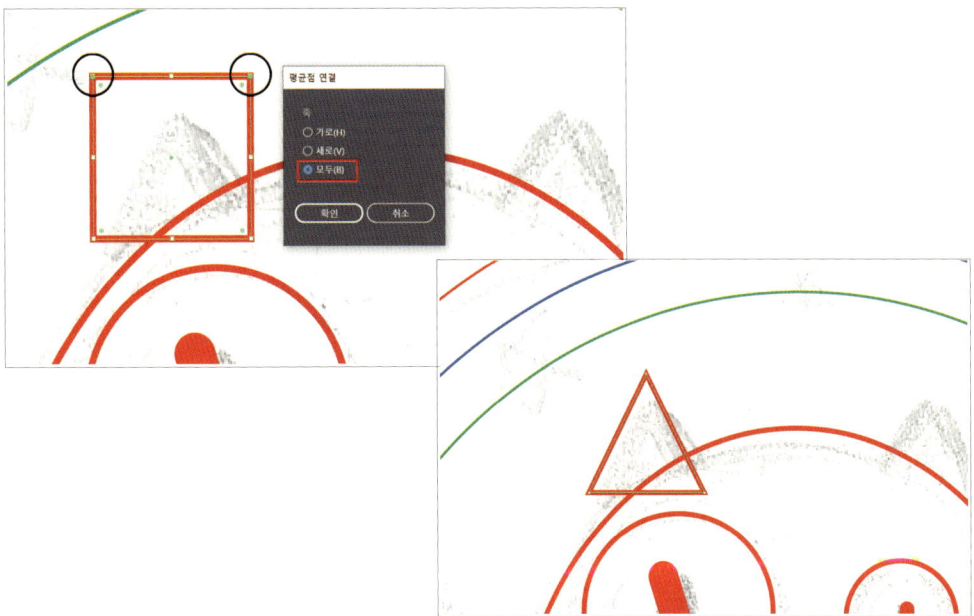

10 회전 도구를 이용해 위치와 각도를 조절해 귀를 만들어줍니다. 그다음 뾰족한 세모 귀를 획 패널을 열어 단면과 모퉁이를 선택한 후 둥글게 만들어줍니다.

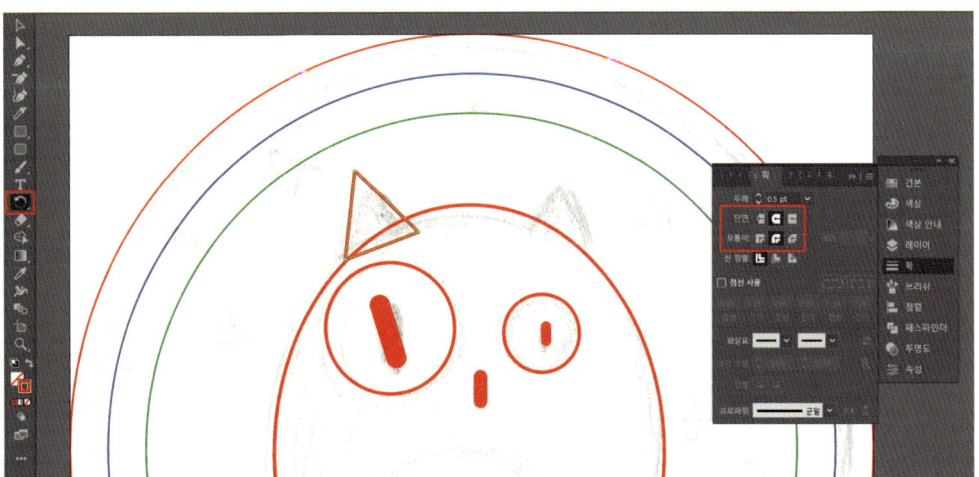

11 완성된 귀를 단축키(Ctrl+C+F)를 선택해 복제합니다. 반사 도구를 더블클릭해 반사 창을 연 다음 세로 반사를 선택해 위치와 방향을 잡아 부엉이의 귀를 완성합니다.

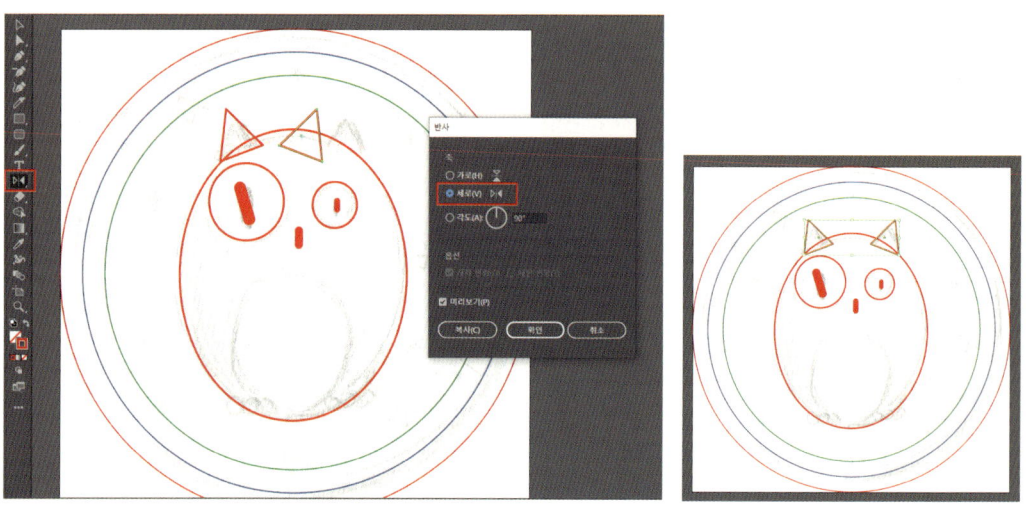

12 원형 도구를 선택해 부엉이의 몸과 다리를 만들어줍니다.

13 채색을 통해 부엉이 형태를 완성합니다. 완성된 캐릭터의 스케치 레이어는 삭제합니다.

14 배경 레이어를 새로 만들어 배경색도 작업선까지 꽉 채워줍니다. 배경색 레이어는 하단에 놓습니다.

15 재미를 주기 위해 별 레이어를 만든 다음 별 모양 도구로 별을 만들어줍니다. 패턴 형식의 별 모양을 만들기 위해 복사를 한 후 별의 크기와 위치를 조절해 풍성하게 배경에 담아냅니다. 그립톡 인쇄선과 안전선을 고려하며 디자인합니다.

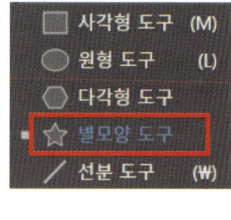

16 별의 모양과 위치가 완성되면, 부엉이와 어울리는 색을 골라 채색합니다.

17 최종 마무리한 후, 디자인한 이미지만 보이도록 안내선을 삭제하거나 투명하게 바꿉니다. 40mm 크기의 귀여운 부엉이 캐릭터 그립톡이 완성되었습니다(이미지 인쇄 영역 38mm).

18 업체에서 사용하는 파일과 제작방법을 확인한 후, [파일]–[다른 이름으로 저장]을 통해 AI 혹은 JPG, PSD 파일로 만들어 업로드합니다.

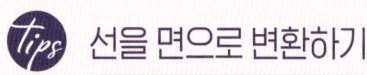

선을 면으로 변환하기

일러스트레이터에서 오브젝트를 그릴 때 다양한 도구를 사용합니다. 펜 도구, 브러시 도구, 도형 도구 등을 활용해 그립니다. 하지만 단순하면서 깔끔하게 그리고 싶거나 어려운 부분을 표현할 때 선을 면으로 바꾸는 기능을 사용하면 효과적으로 오브젝트 이미지를 만들 수 있습니다.

① 원형 도구로 아트보드에 원을 그리고, 면으로 만들 수 있는 적당한 두께를 적용합니다.

② 직접 선택 도구를 이용해 원 위쪽을 선택 삭제, 획 패널에서 선 끝을 둥글게 해줍니다.

③ [오브젝트]-[패스]-[윤곽선] 메뉴를 선택해 선의 속성을 면으로 바꿔줍니다.

④ 색과 면을 선택해, 원하는 오브젝트 이미지를 만들 수 있습니다.

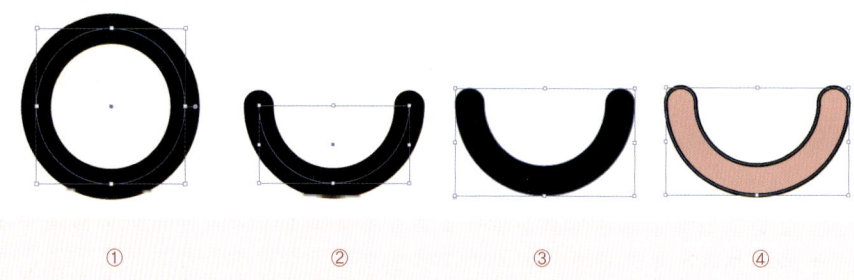

①   ②   ③   ④

선을 면으로 변환한 캐릭터 예시

선물하기 좋은 마우스패드 만들기

 일러스트레이터 이용

✚ 특별한 추억을 담은 마우스패드

사무실에서 집에서 오랜 시간 컴퓨터를 사용할 때 마우스패드는 필수죠. 친구나 지인에게 특별한 추억을 담아 선물하기에도 좋은 아이템입니다.

긍정 인생 이야기를 담은 가족 캐릭터의 마우스패드를 만들어볼게요. 일하면서 힘들 때마다 마우스패드의 가족 얼굴을 보며 다시 힘을 내곤 하죠.

좋아하는 달, 별, 별똥별, 새에서 4가지의 상징적인 오브젝트와 긍정 인생 캐릭터로 구성해봅니다. 색채 화가 마티스 느낌의 색면 구성으로 단순하게 만들려고 합니다. 독창적인 이미지와 감성과 위로를 주는 나만의 마우스패드를 만들어볼게요.

✦ 만들어보세요

1 제작업체에서 제공하는 템플릿을 다운로드하거나 새 파일을 만들어 디자인합니다. 모양은 가장 일반적인 사각형으로 가로 220×세로 180×두께 5mm의 굴곡이 있는 마우스패드를 만들려고 합니다. 마우스패드도 인쇄 밀림 방지를 위해 재단 크기인 220×180mm에 사방 도련(여백) 2mm를 두어 작업선 224×184mm의 아트보드를 준비합니다. 작업 안전선은 216×176mm로 설정합니다.

2 새 레이어를 만들어 미리 스케치한 긍정 인생 이미지를 불러옵니다. 안전선, 재단선을 잠금으로 합니다.

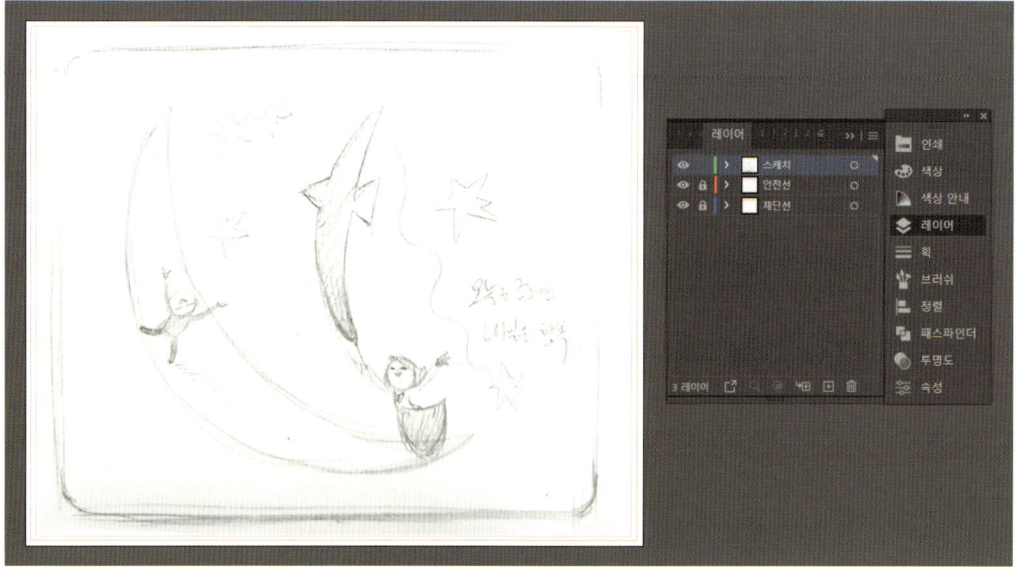

3 수월하게 작업하기 위해 스케치 레이어를 선택한 후 투명도 창을 열어 불투명도를 50%로 조절합니다.

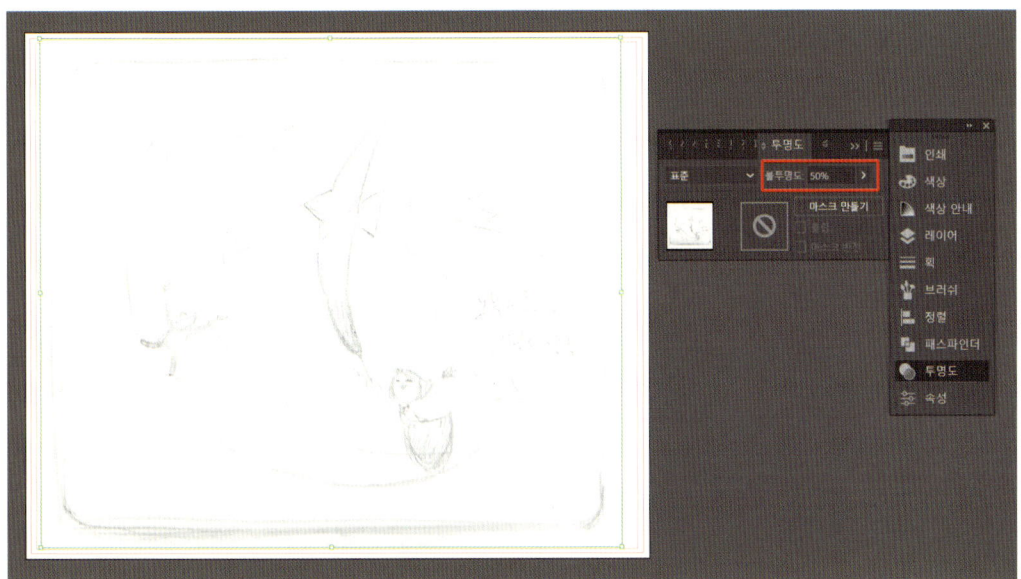

4 스케치 레이어는 잠금으로 합니다. 레이어를 잠그면 움직이거나 수정할 수 없습니다.

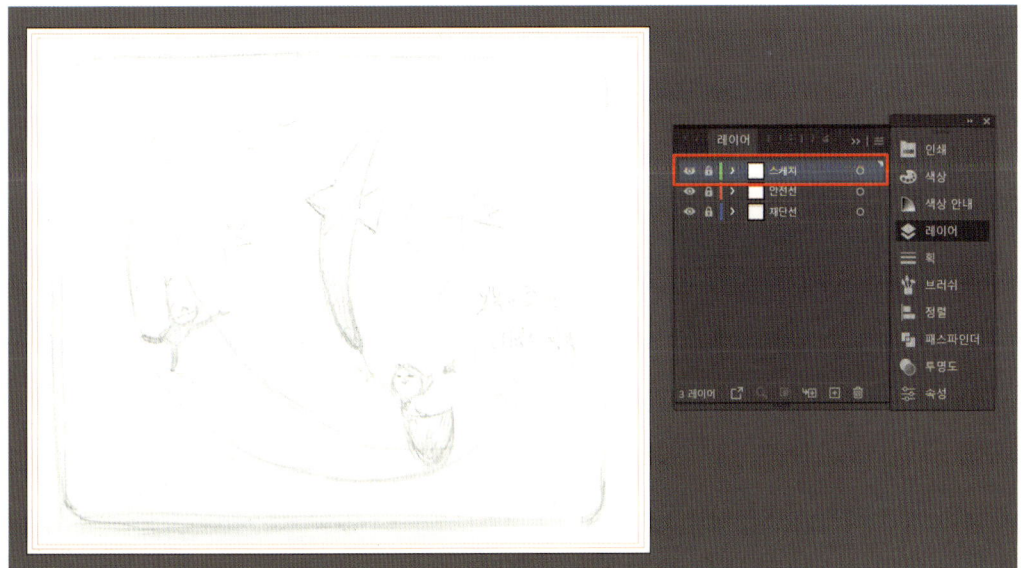

5 단순한 오브젝트부터 만들어보겠습니다. 새, 별, 별똥별, 달, 그리고 캐릭터 순으로 레이어를 추가로 만들어 디자인합니다. 선은 빨간색으로 설정하고, 면은 '없음'으로 설정합니다.

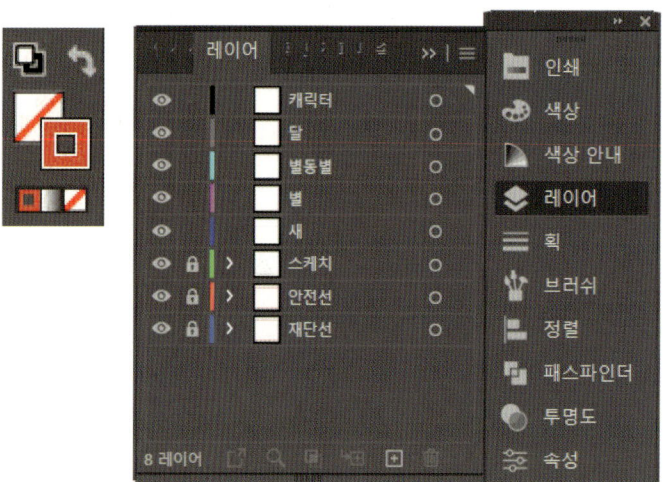

6 펜 도구를 선택한 후 새 레이어를 열어 스케치한 새의 시작점을 찍고 그려줍니다.

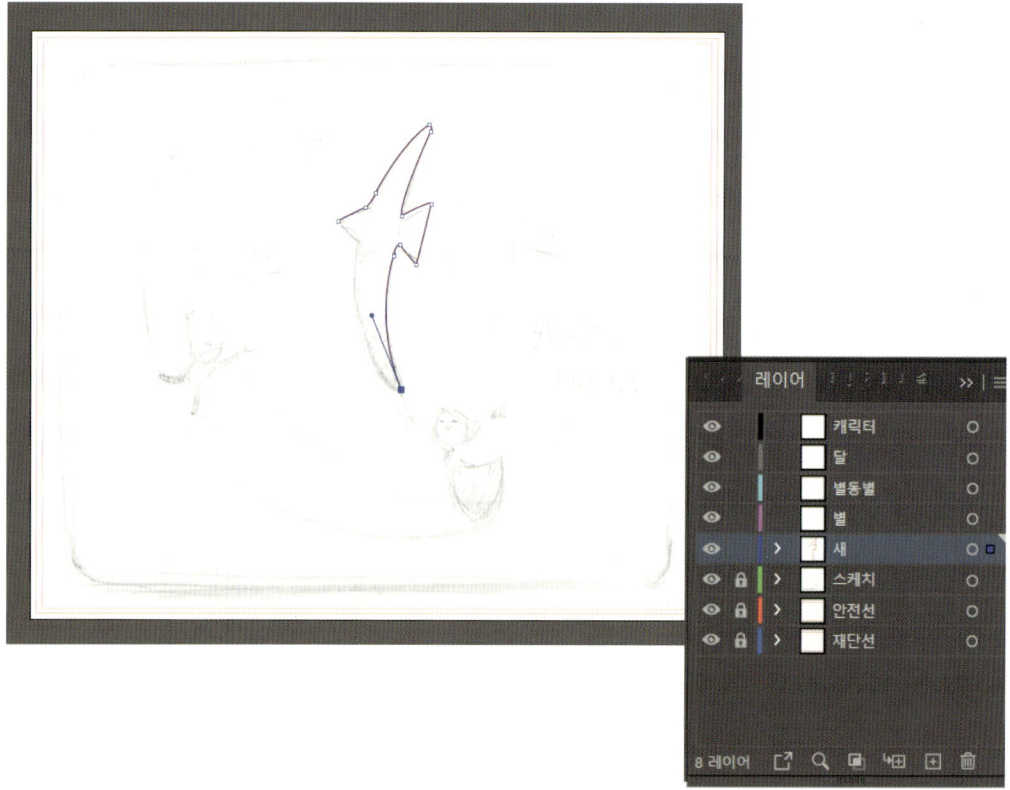

7 새를 그린 것과 같은 방법으로 별과 별똥별을 그려줍니다. 별똥별이 떨어지는 모습을 표현하기 위해 펜 도구로 선을 그려줍니다.

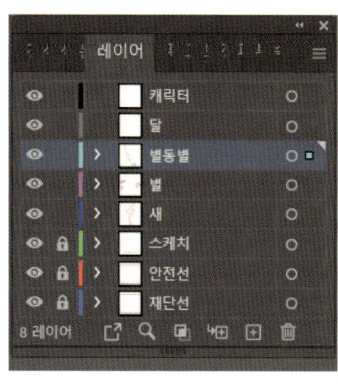

8 획 패널을 선택해 선의 두께를 5pt로 두껍게 조절합니다.

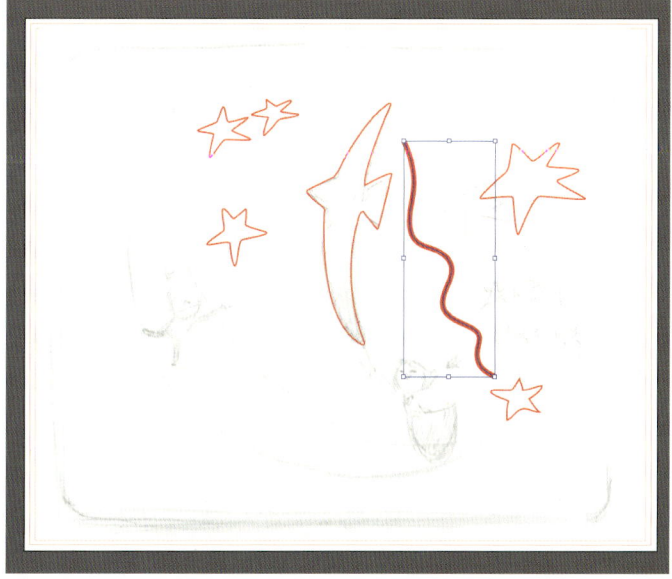

9 선을 면으로 만들어주기 위해 [오브젝트]-[패스]-[윤곽선]을 선택해 면으로 활성화합니다.

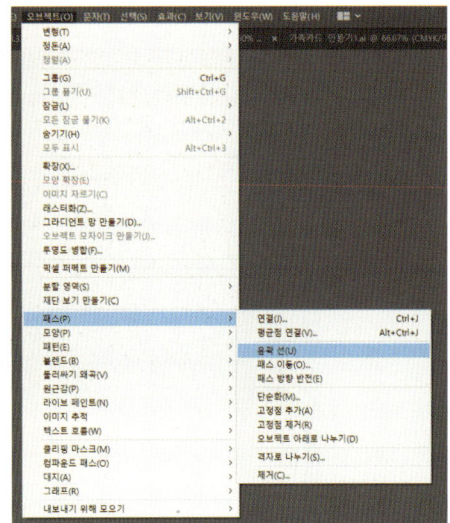 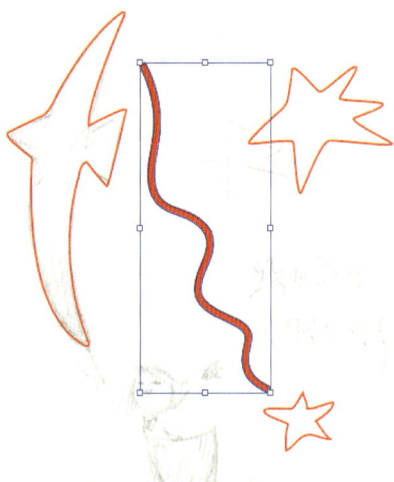

10 선을 면으로 만든 후, 원근감을 주기 위해 자유 변형 도구를 클릭한 후 Alt 와 해당 꼭짓점을 선택해 왼쪽으로 드래그하며 별똥별이 떨어지는 모양을 만들어줍니다.

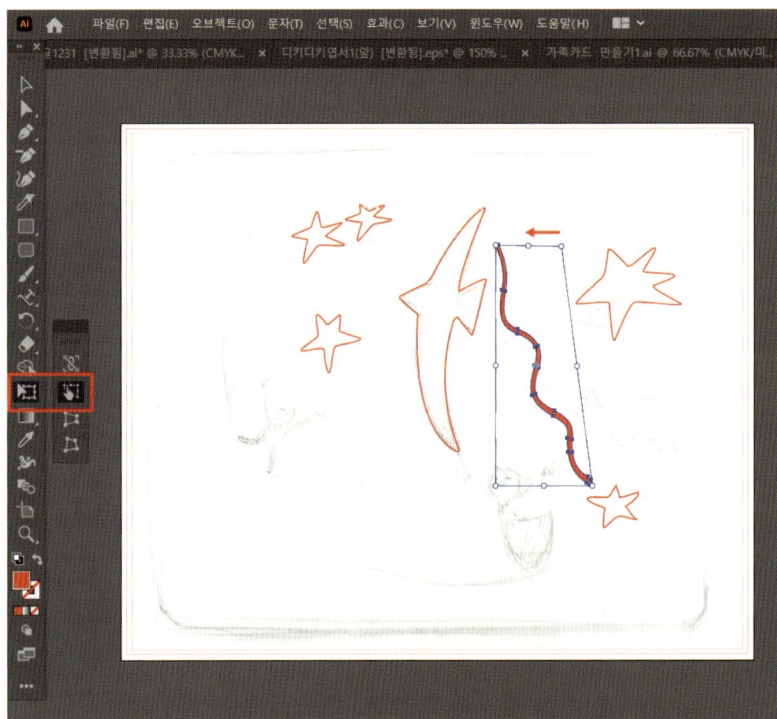

11 전체적인 배경에 단순한 오브젝트들이 만들어졌습니다. 각 오브젝트에 색상을 넣어줍니다. 미리 그려놓은 긍정 인생 캐릭터를 배치합니다.

12 재단선, 안전선, 스케치 레이어는 삭제하거나 가려주고, 화이트 마우스패드의 용도에 맞게 전체적인 크기와 위치를 조절하며 완성도를 높여줍니다.

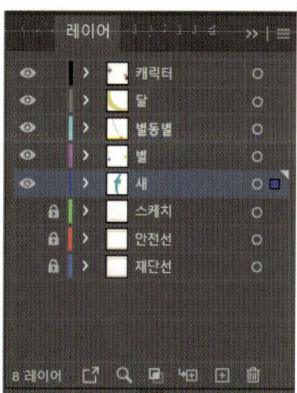

13 마지막으로 레이어를 만들어 디자인 제작자의 이름을 넣고, 재단선과 안전선을 고려하며 긍정과 행복이 담긴 마우스패드를 완성합니다. [파일]–[다른 이름으로 저장]을 선택해 PDF로 저장합니다. 인쇄업체에 업로드하기 전에 반드시 문구는 [오브젝트]–[패스]–[윤곽선]을 지정해야 합니다.

CHAPTER 14 나만의 감성을 더한 예쁜 머그컵 만들기

포토샵, 일러스트레이터 이용

✛ 머그컵 인쇄 방식

일상생활에 꼭 필요한 생활용품인 컵은 모양과 재질이 매우 다양하지만, 제작방법은 모두 같습니다. 내가 그린 캐릭터와 어울리는 컵을 선택해 만듭니다. 일반적인 굿즈 상품으로 많이 쓰이는 아이보리 바탕의 머그컵을 만들어볼게요.

인쇄 방식에는 두 가지가 있습니다.

- **실크 인쇄**: 컵에 잉크를 입히고 건조하는 방식입니다. 시간이 지나면 인쇄된 그림이 벗겨지는 단점이 있습니다. 보통 1도로 인쇄할 수 있어 가격이 저렴한 편입니다.
- **전사 인쇄**: 그림이 인쇄된 전사지를 컵에 붙이고, 고온으로 다시 구워내는 방법입니다. 내구성이 강하고, 반영구적입니다. 전사지를 제작할 때마다 추가 비용이 발생하는 단점이 있고 실크 인쇄보다 가격이 비쌉니다.

✛ 머그컵의 종류

- **11온스 머그컵**: '직선 도자기' 머그컵이라고도 불리며, 가장 많이 이용하는 컵 중 하나입니다.
- **11온스 투톤 머그컵**: 일반 11온스 머그컵에 비해 안과 밖의 컬러로 포인트를 주어 시각적인 즐거움이 있습니다.

82mm

인쇄 영역

95mm

최길수님_11온스머그_2ea

일반적인 11온스 머그컵 크기

✚ 돼랑이 캐릭터로 머그컵 만들기

업체마다 취급하는 컵이 다르므로 먼저 업체에서 제공하는 컵의 종류와 인쇄 방식을 미리 확인한 후 디자인합니다. 원하는 컵을 만들기 위해 원본 파일과 컵의 이미지를 임의로 합성해서 업체에 보여주면 좀 더 완성도 높은 결과물을 받을 수 있습니다.

굿즈 퀄리티를 위해 전사 인쇄 방식과 11온스 머그컵을 선택하고, 흰색의 머그컵 위에 나만의 긍정 감성 캐릭터를 입혀보겠습니다. 캐릭터는 앞 '파트 3의 포토샵으로 캐릭터 만드는 법'과 동일한 과정으로 그렸습니다.

머그컵의 그림은 꽃을 좋아하는 돼랑이의 이야기로 오브젝트 돼랑이 캐릭터, 꽃문양, 로고 등 3가지 요소로만 만들었어요.

✦ 만들어보세요

1 제작업체에서 제공하는 템플릿을 다운로드하거나 새 아트보드를 만들어 디자인합니다. 제작업체마다 머그컵 크기와 인쇄 영역 크기가 다르니 확인한 후 작업합니다. 다른 굿즈 제작보다 쉽습니다. 컵은 인쇄 영역에 맞는 크기로 그림을 그리면 됩니다. 오차를 고려하여 작업선은 실제 머그컵에 들어갈 이미지보다 좀 더 크게 69×80mm 정도로 정합니다. 임의의 작업선은 사방 각각 2m 정도 작게 63mm×74mm로 만들어줍니다.

 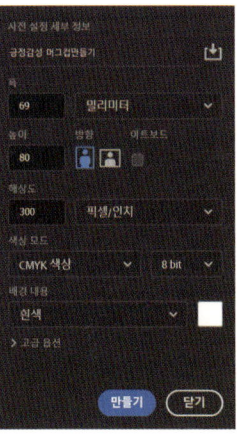

2 일러스트레이터에서 로고와 꽃문양을 만든 오브젝트를 불러와 각각 레이어를 만들어줍니다. 포토샵에서 그린 돼랑이 캐릭터 오브젝트를 불러와 새 레이어를 만들어 배치합니다.

 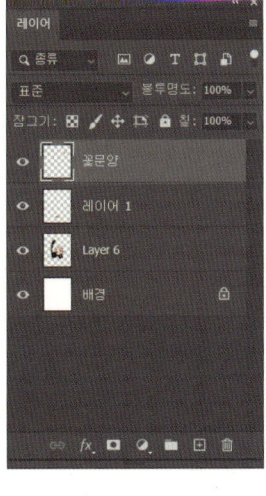

3 캐릭터 배경을 꽃으로 장식하기 위해 꽃문양 레이어를 여러 번 복사해 디자인합니다. 크기와 위치를 달리해 이미지를 만들어줍니다.

4 3개의 오브젝트를 조화롭게 배치한 후 꽃문양 레이어는 하나로 합쳐줍니다. 꽃문양 레이어들을 동시에 클릭한 후 마우스 오른쪽을 눌러 레이어 병합을 선택해 하나로 합쳐줍니다.

5 컵에 넣을 그림을 마무리한 이미지입니다.

6 원하는 디자인의 결과물을 받기 위해 시안 사진을 합성해 원하는 결과물의 모습을 업체에 보내줍니다. 업체
사이트에서 사진을 다운로드하거나 이미지를 준비해 합성하면 됩니다. 사전에 업체와 원활하게 소통하기
위해서도 이 작업은 중요합니다.

7 업체마다 업로드 파일 형식이 다를 수 있으니, 미리 확인한 후 작업합니다. 일러스트레이터에 최종 작업을 했으면 PSD 파일, 포토샵에서 최종 작업을 했으면 JPG나 PSD 파일로 저장합니다.

굿즈 포장하기

✚ 소장 욕구를 부르는 포장 디자인

굿즈 제작의 최종 마무리 단계는 포장 디자인입니다. 굿즈를 잘 만들어놓고 어설픈 포장으로 소비자에게 외면받으면 안 되겠죠? 굿즈 캐릭터를 보호하고 빛나게 할 뿐 아니라 소비자의 눈길을 끌어 구매까지 연결되도록 포장 디자인에 신경 써야 합니다.

굿즈 캐릭터를 포장할 때 수로 OPP 봉투를 많이 사용합니다. 일명 비닐봉투라고 이해하면 됩니다. 투명해서 제품이 잘 보이기도 하고 로고나 원하는 디자인을 프린팅할 수도 있어서 굿즈 포장할 때 두루 유용합니다.

OPP 봉투의 종류와 크기부터 알아볼까요?

✚ OPP 봉투 종류

OPP 봉투를 알아볼 때 보통 크기, 접착력, 비닐 마감 등 3가지를 꼼꼼히 따져서 골라야 합니다. OPP 봉투는 주로 전문 문구점과 온라인 판매처에서 살 수 있습니다. 대량으로 살 때는 온라인 구매가 조금 더 저렴합니다.

OPP 봉투는 비접착과 접착으로 나뉘는데 비접착은 윗부분에 끈끈이가 없습니다. 접착은 위에 끈끈이가 있어 테이프만 뜯으면 바로 접착할 수 있어 편리합니다.

- **OPP 투명 무인쇄 접착**: 접착이 가능해 굿즈를 넣고 봉할 수 있어 많이 선호하는 편입니다.
- **OPP 투명 무인쇄 비접착**: 윗면이 개방되어 있어서 종이와 같이 얇은 굿즈를 포장할 때 사용하면 좋습니다.
- **OPP 투명 무인쇄 헤드(헤다)**: 윗면에 고리를 걸 수 있게 기능을 더한 봉투입니다. 접착 면도 있어 봉할 수 있는 비닐봉투입니다. 고리에 굿즈를 걸기 때문에 떨어질 걱정이 없고, 앞이 잘 보이게 진열할 때 유용합니다.
- **OPP 반투명 포장봉투**: 조금 더 고급스러운 포장을 원할 때 이용합니다.
- **OPP 쇼핑백**: 캐릭터의 로고를 쇼핑백 봉투에 프린팅하면 캐릭터와 로고 이미지를 떠올리기가 쉽습니다.

✚ OPP 봉투 크기

OPP 무지 '접착' 비닐봉투를 구매할 때 '6×9+4cm'라고 되어 있는데, 이는 가로 6cm, 세로 9cm, 봉투 위에 접착 면 4cm 뚜껑이 있다는 의미입니다. 구매할 때 크기를 반드시 확인해야 합니다.

엽서, 명함, 스티커, 달력 등 종이류 굿즈는 조금 넉넉한 크기의 봉투를 구매해야 찢어지지 않습니다. OPP 봉투를 굿즈와 같은 크기로 주문하면 낭패를 볼 수도 있으니 주의합니다.

눈에 보이는 불량도 많으며, 포장하고 난 후 불량이 발견될 때도 있습니다. 포장까지 다 했는데 접착력이 안 좋은 걸 알게 되면 곤란할 수 있으니 구매할 때 주의합니다. 얇은 재질 특성상 전체 수량에서 1~2장의 오차가 발생할 수도 있습니다.

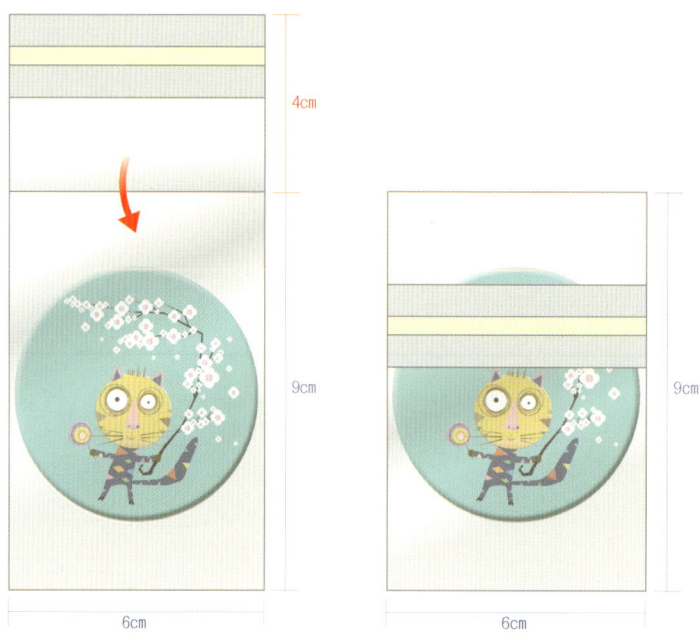

✚ 굿즈 포장 방법

초보자들도 쉽게 접근할 수 있는 간단한 굿즈 포장법을 알려드릴게요. 로고 스티커 + 캐릭터 굿즈 + OPP 봉투만 가지고도 쉽게 패키징할 수 있습니다. OPP 비닐봉투에 굿즈를 넣은 후 로고 스티커를 상단 혹은 하단, 오른쪽 혹은 왼쪽에 붙여 굿즈 상품이 잘 보이게 합니다.

캐릭터 굿즈(마스킹테이프) + 백배경 디자인 + OPP 봉투로 패키징할 수도 있습니다.
백배경을 굿즈와 통일성 있게 이야기를 만들어 디자인하는 방법입니다.

크라우드 펀딩으로 굿즈 만들기

✦ 아이디어 상품을 함께 만들어가는 크라우드 펀딩

나의 캐릭터와 굿즈의 지평을 넓히려면 기획과 마케팅이 중요합니다. 창작자이자 제품의 기획, 제작, 마케팅까지 모두 책임져야 하므로 1인 사업가 마인드를 지녀야 합니다.

내 캐릭터를 빛나게 하는 굿즈 마케팅 방법으로 크라우드 펀딩(Crowd Funding)이 있습니다. 크라우드 펀딩은 웹이나 모바일 네트워크 등을 통해 다수의 개인으로부터 자금을 모으는 행위를 말합니다. 가능성을 사고파는 가상 공간의 실험 무대이자, 창작자와 후원자가 서로 소통하며 세상에 없는 아이디어 상품을 함께 만들어내는 창작 소통의 작업이라고 할 수 있습니다.

상품 속에 담긴 스토리를 보고 구매하는 사람들이 점점 많아지고 있습니다. 크라우드 펀딩은 이런 현상을 잘 이용한 서비스 시스템인데요. SNS를 통해 굿즈 상품을 많은 이들에게 먼저 보여주고, 내가 만든 상품에 투자할 이들을 모아 일정 목표 금액이 달성되면 상품 제작에 들어갑니다.

후원자(소비자)에겐 유통 마진을 뺀 저렴한 가격으로 참신하고 아이디어가 돋보이는 상품을 살 수 있다는 장점이 있습니다. 또한 세상에 없던 의미 있는 상품이 만들어지는데 힘을 보탠다는 후원의 의미도 큽니다.

벤처기업에서 주로 사용했지만, 디자인이나 게임, 공연, 사진, 영화, 음악, 도서 등 문화예술인들이 자신의 작품 홍보 및 프로젝트를 추진할 때 많이 활용하고 있습니다.

초기 제작비용을 마련할 수 있는 장점이 있습니다. 현재 활발하게 운영되는 플랫폼으로는 텀블벅, 와디즈, 인디고고 등이 있습니다. 크라우드 펀딩 플랫폼에 프로젝트의 목적, 목표 금액과 모금 기간 등을 공개하면 그 내용을 보고 투자를 결정합니다. 캐릭터 창작자들에게는 텀블벅이 조금 더 효과적입니다.

단, 크라우드 펀딩은 창작자와 창작품의 '신뢰성'이 전제되어야 성공할 수 있다는 것을 명심하세요.

크라우드 펀딩의 장점

- 큰 자본이 없어도 아이디어와 기획이 있다면 프로젝트 가능
- 스토리, 세계관이 있는 캐릭터 굿즈라면 더욱 효과적임
- 나의 굿즈 캐릭터의 가능성을 점쳐볼 수 있는 시험대로 활용

크라우드 펀딩의 단점

- 스토리텔링이 안 되면 살아남기 어려움
- 프로젝트를 실행하지 못한 사례가 있으면 신뢰받기 힘듦
- 여러 프로젝트의 금액 달성도가 수치로 보이기 때문에 상대적으로 박탈감이 듦

✚ 공감 가는 스토리텔링이 중요

크라우드 펀딩을 진행하려면 일단 자신의 캐릭터 굿즈가 후원자들에게 매력적이어야 합니다. 스토리텔링이 흥미롭고 공감을 줘야 하며 참신하고 개성적이어야 호응을 얻을 수 있습니다. 진행하고자 하는 프로젝트의 글과 그림이 잘 어우러져 관심 있는 후원자들이 부담 없이 읽고 공감할 수 있는 이야기여야 합니다.

처음으로 크라우드 펀딩을 진행하는 이들에게는 다소 어렵게 느껴질 수 있습니다. 하지만 나의 캐릭터 굿즈의 기획과 방향을 정리하는 시간이 되기도 하므로 한번 시도해보면 좋습니다.

먼저 나의 굿즈 캐릭터와 연관된 성공한 프로젝트를 벤치마킹하면서 준비하는 것도 한 방법입니다. 처음엔 성사가 안 될 수도 있으니, 꼼꼼히 계획을 세워서 공감을 끌어내야 합니다. 한번 도전해보세요.

굿즈 마켓, 캐릭터·일러스트 페어 참가

✚ 나의 작품을 널리 알려라

내 캐릭터 굿즈를 만들었다면 많은 이들에게 노출하는 것이 관건입니다. 적극적으로 홍보해서 인지도를 쌓아야 합니다.

국내에 굿즈 관련하여 다양한 캐릭터·일러스트 페어가 있습니다. 어느 정도 캐릭터 굿즈 홍보 및 판매가 준비되면 일단 접근성이 쉬운 페어와 프리마켓에 참가해보는 것도

좋은 방법입니다. 나의 캐릭터와 굿즈 작품과 성격에 맞는 페어나 마켓 행사를 잘 골라서 홍보해보세요. 여기에 SNS, 블로그 등 사이트를 선정해 포트폴리오를 꾸준히 업로드하여 온라인으로도 확장해갑니다. 글까지 올리면 금상첨화. 작품과 글이 어우러져 흥미를 준다면 더욱 공감을 얻을 수 있습니다.

별도의 홍보비, 마케팅비가 없어도 온라인 커뮤니티만 잘 활용하면 클라이언트를 일일이 땀 흘려가며 만날 필요가 없습니다. 세밀하게 계획을 세우고, 나의 굿즈 캐릭터를 널리 알릴 수 있을 때까지 꾸준히 노출하고 업로드해야 합니다.

✛ 캐릭터·일러스트 페어

마켓과 페어에 참가한 경험은 작가로서 한층 더 성장하는 기회가 됩니다. 또한 소비자들을 직접 만나 소통함으로써 니즈를 파악할 수 있고 앞으로 나아갈 방향을 찾을 수도 있습니다. 작업 의뢰가 들어올 수도 있으니 나의 캐릭터 굿즈와 맞는 전시나 행사가 있는지 평소 살펴보고 참여해보세요. 아래는 제작과 굿즈 작품 판매까지 포트폴리오를 만들어 나의 작품을 차별화하고 홍보할 수 있는 공간입니다.

■ 페어

서울일러스트레이션 페어(seoulillustrationfair.co.kr)

2015년부터 개최되었으며, 대한민국의 대표적인 일러스트레이션 전문 페어입니다. 해마다 서울과 부산에서 정기적으로 열리며, 나만의 캐릭터와 일러스트 혹은 그래픽 디자인을 선보이고, 이를 응용한 다양한 굿즈 제품을 판매하는 전시 행사입니다.

K-일러스트레이션 페어(k-illustrationfair.com)

(주)한국국제전시에서 주최하며 매년 숨어 있는 유망 작가와 디자이너, 아티스트를 발굴하여 대중에게 소개하고, 전문가 및 작가들과의 소통의 장을 마련합니다.

K-핸드메이드 페어(www.k-handmade.com/new/html)

매년 개최하는 페어이며, 순수 아마추어 작가부터 전문 작가와 기업들의 작품을 전시하거나 홍보하는 장입니다. 작품 전시 및 홍보 공예품, 관련 재료 및 도구, 디자인 및 아트, 패션, 액세서리, 뷰티, 인테리어, 생활용품을 전시합니다.

캐릭터라이선싱 페어(www.characterfair.kr/wp)

문화체육관광부에서 주최하며 한국콘텐츠진흥원과 코엑스가 주관하는 캐릭터, 만화, 애니메이션 전시행사입니다. 국내에서 개최하는 캐릭터 및 만화, 애니메이션 관련 행사 중 가장 규모가 크며 매년 커지고 있습니다. 최고의 캐릭터 및 만화, 애니메이션 축제입니다.

디자인아트 페어(daf777.modoo.at)

국내 최고의 복합예술 공간인 예술의 전당에서 20일이라는 긴 전시 기간 동안 다양한 작가와 디자이너들의 개성 넘치는 역량을 관람객들과 함께 소통하는 전시 공간입니다.

■ 마켓

서울예술시장 소소(www.facebook.com＞sejongartsmarket)

세종문화회관에서 매년 주최하는 일상과 예술이 만나는 시장입니다. 누구나 예술가가 되어 참여할 수 있으며, 소규모 창작물을 전시하고 판매할 기회를 줍니다. 일러스트, 출판, 사진, 공예, 디자인 상품 등 다양한 장르를 선보이는 신선한 아이디어와 열정을 만날 수 있습니다.

서울금손페스티벌, 서울디저트 페어(seouldessert.com)

매년 개성 있는 콘셉트로 청년 창작자의 창의적인 발상을 주제로 한 아이디어 핸드메이드 제품, 디자인 굿즈, 캐릭터 디저트 등의 축제 공간이 마련됩니다.

문방구온리전(moon9.ivyro.net)

개인 제작 문구(스티커, 메모지 등)와 캐릭터 관련 굿즈를 판매합니다. 문구를 좋아하는 사람들의 교류가 목적인 창작 전시와 행사입니다.

■ 개인전

어느 정도 페어와 마켓 등에서 작품의 홍보와 노출을 통해 자신감이 생겼다면, 개인전에 도전하는 것도 한 방법입니다. 요즘은 무료로 전시할 수 있는 대여 공간이 많이 생겨나고 있습니다. 조금 부담일 수도 있다면 여러 명과 협업한 전시회도 괜찮습니다. 이러한 작은 경험들이 모여 작가로 나아갈 수 있는 큰 디딤돌이 됩니다.

개인전 포스터와 전시 사진들

포스터 제작과 작품, 굿즈 제작 등의 실전을 준비하며 나 자신을 되돌아볼 수 있고 나의 작품을 많은 이들에게 보여줄 수 있는 큰 행사라 할 수 있습니다.

전시 소개 및 보도자료를 준비하면서 글을 써볼 기회가 되기도 하고, 언론사 및 SNS 홍보를 통해 한 번 더 자신을 성장시키는 기회가 되기도 합니다. 또한 직접 관람객과 소통하면서 내 작품의 방향성을 고민해보는 시간이 됩니다.

✚ SNS 및 블로그 운영

캐릭터 굿즈를 홍보하고 판매하는 데 효과적이고 유용한 방법은 SNS입니다. SNS를 운영한다는 건 나의 그림을 홍보와 판매로 이어줄 수 있으며, 기록이자 캐릭터 그림의 포트폴리오가 됩니다.

이제는 SNS와 그림 플랫폼 사이트가 실시간으로 작품(포트폴리오)과 관련한 콘텐츠를 빠르게 퍼트려주기 때문에 익명의 다수에게 나의 그림들을 제한 없이 알릴 수 있습니다. 운영할수록 나의 콘텐츠가 쌓이고, 또 다른 기회가 찾아오고, 꼬리에 꼬리를 물어 캐릭터 작품에 호감과 인지도를 쌓을 수 있습니다. 기회는 언제 어디서 올지 모르니 자신의 굿즈 캐릭터를 언제든 타인에게 보여줄 수 있도록 준비해야 합니다. 시작부터 체계적으로 정리하고 관리할 수 있도록 SNS와 온라인 등에서 관리하는 것을 추천합니다.

나의 그림과 작품을 홍보할 때 내 그림에 대한 다른 사람들의 생각이나 의견이 무엇보다 중요합니다. 공감과 공유를 넘어 사고 싶은 반응이 나올 수도 있습니다.

인스타그램과 페이스북을 통한
작품 홍보 및 노출

나의 굿즈 구매층을 고려하여 그들이 주로 이용하는 SNS를 운영하면 더 효과적입니다. 소비자의 취향을 파악해서 계절별, 축제, 기념일 등에 맞추어 계획적으로 접근하는 것도 한 방법입니다. 꾸준하게 업로드하고 관리해야 홍보의 밑판이 되고 캐릭터 성장의 밑거름이 됩니다.

가장 먼저 고려해야 할 점은 자신이 사용하기 편리한 SNS여야 한다는 것입니다. 그다음으로 캐릭터의 목적과 형태에 어울리는 SNS를 선택해 운영 패턴을 만듭니다. 캐릭터의 이야기와 굿즈, 사진, 작품, 그림 등으로 쉽게 표현할 수 있는 SNS를 골라 운영합니다. 이러한 과정은 시간과 노력이 필요하지만, 어느 정도 익숙해지면 쉽게 운영할 수 있습니다.

■ 블로그

스토리텔링과 작가만의 세계관을 구축하고, 전문적으로 꾸준히 업로드하면 캐릭터를 브랜딩하기 좋습니다.

■ 페이스북

인맥 위주여서 팔로워가 적으면 파급력이 별로 크지 않습니다. 유료광고를 하기가 용이하며 팔로워가 많으면 즉각적인 반응이 나타납니다.

■ 인스타그램

나의 그림과 글을 꾸준히 연재해 공유할 수 있습니다. 그림과 연관된 글을 해시태그(#)로 등록하면 자신의 작품이 수백만 명에게 알려질 수도 있습니다. 꾸준히 효과적으로 SNS 계정을 운영하면 수익을 창출할 수도 있습니다. 다만 업로드할 수 있는 이미지의 형태가 정해져 있어 작품을 있는 그대로 보여줄 수 없는 단점이 있습니다.

■ 유튜브

내가 만든 캐릭터 작품의 제작 과정과 굿즈 캐릭터에 대한 홍보를 영상으로 편집해 유튜브 등 동영상 공유 사이트에 올리는 것도 한 방법입니다. 캐릭터의 인지도 및 캐릭터 브랜드를 홍보하는 데 유용합니다. 하지만 단발성보다는 일관된 주제의 콘텐츠를 꾸준히 노출할 때만 빛을 발할 수 있습니다.

 ## SNS 운영 전략, 이렇게 해보세요

■ **캐릭터 홍보할 때**

－꾸준한 소통과 지속적인 활동을 하고 있다는 것을 알림.

－자신감 있는 모습을 드러내며 전문적인 느낌을 줌.

－사적인 내용을 배제하고 작가로서의 모습만 보여줌.

－글의 문체나 어조에서 1인 브랜드로서의 페르소나를 만듦.

■ **굿즈 홍보할 때**

－사진 이미지는 통일감과 전문적인 느낌이 나도록 촬영해 업로드함.

－이미지를 업로드할 때 SNS상에서 어떻게 보이는지 늘 확인함.

－기대치를 높이기 위해 굿즈 제작 과정을 SNS에 미리 보여줌.

✚ 포트폴리오 사이트

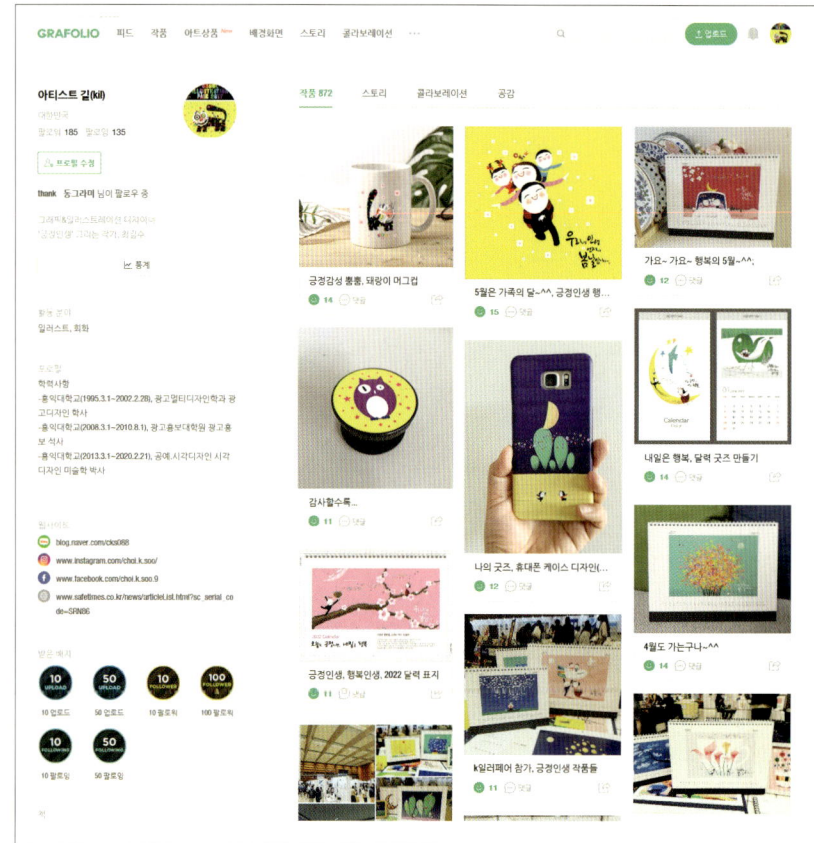

그라폴리오

그라폴리오(www.grafolio.com)

일러스트와 캐릭터 등 이미지 중심의 포트폴리오 사이트입니다. 일반인(비전공자)도 함께 공유하고 소통할 수 있도록 문을 열어두고 있으니 누구나 자신만의 작품이 있다면 언제든지 공유할 수 있습니다. 회원가입만 하면 작품을 쉽게 업로드할 수 있습니다.

산그림(www.picturebook-illust.com)

대표적인 그림 포트폴리오 사이트입니다. 현재 약 3,000여 명의 작가들이 활동하고 있는 작품 전시 공간입니다. 일반인보다는 출판, 디자인 관계자들이 함께 일할 일러스트레이터를 찾기 위해 방문하는 곳이기도 합니다. 전문적인 작가로 거듭날 수 있는 공간이라 많은 작가들이 도전하고 있습니다.

노트폴리오(www.notefolio.net)

일러스레이터뿐만 아니라 사진, 영상, 모션 등 다양한 창작 분야의 작품을 감상할 수 있습니다. 아티스트와 디자이너가 한곳에 모여 이야기를 나눌 수 있는 공간입니다. 누구나 회원으로 가입하면 작품을 업로드할 수 있습니다.

핀터레스트(www.pinterest.co.kr)

이미지(자료)를 수집하는 공간입니다. 나의 자료, 그림을 올릴 수도 있고요. 갖고 싶은 아이템, 근사한 사진, 영감을 주는 그림들, 내가 좋아하는 셀럽의 사진을 모아놓을 수도 있습니다. 예비작가라면 꼭 활용하는 사이트이니 한번 들어가 보세요.

비핸스(www.behance.net)

다양한 창작자들이 활동하는 글로벌 그림 포트폴리오 사이트입니다. 내 작품을 공유할 수 있으며, 세계적인 작가들의 많은 작품을 보면서 새로운 영감을 받을 수도 있으니 자주 사이트를 방문해 감상해보세요. 일러스트는 물론 캐릭터, 디자인, 그래픽, 영상, 제품, 만화, 애니메이션 등 여러 분야의 작업물이 올라오는 곳이기도 합니다.

CHAPTER 4

다양한 채널에서 판매하기

✚ 오프라인 소품숍과 편집숍 입점

서점이나 커피숍에서 스티커나 생활용품의 굿즈를 산 경험이 있지 않나요? 요즘 캐릭터와 일러스트 소품숍 혹은 옷가게, 서점, 커피숍 등에서 개인 캐릭터를 활용한 문구류를 판매하는 편집숍이 늘어나고 있습니다. 특히 개인 창작자의 브랜드 문구류를 많이 볼 수 있습니다. 편집숍 입점 방식은 진입 장벽이 낮기 때문에 처음엔 편집숍 입점을 통해 소비자의 반응과 제품의 방향성 등을 점검하고, 캐릭터 브랜드 파워를 키운 후 좀 더 큰 매장에 진출할 수 있습니다.

소품·편집숍을 직접 찾아가 협의하거나, 메일로 입점 제안서를 보내 캐릭터 굿즈의 판매망을 넓히면 됩니다. 입점 제안서를 쓸 때 단순히 굿즈 상품을 나열하기보다는 나의 캐릭터 굿즈 브랜드의 기획과 스토리를 매력 있게 잘 담아냅니다. 나의 굿즈 캐릭터가 추구하는 방향과 콘셉트, 이야기를 잘 정리하고, 굿즈의 카테고리를 보기 좋게 디자인합니다. 나의 굿즈 캐릭터를 소비자 관점에서 타깃, 세분화, 포지셔닝을 반영해 제안서를 만듭니다.

1인 사업에 대한 가능성을 미리 분석하고 계획을 세워서 진행합니다. 일단, 캐릭터 기반의 브랜드를 판매하기 위해서는 온라인에서 탄탄하게 인지도를 쌓은 다음에 조금 더 높은 단가로 입점해 판매하는 것이 수익을 창출하는 데 효과적입니다.

■ 판매 형태

개인 브랜드 숍을 열거나, 서점이나 옷가게, 액세서리점, 커피숍 등에 입점해 일정 기간 팝업 형태로 운영.

■ 캐릭터&일러스트 개인 브랜드 소품숍

장점: 1인 창업, 수익을 따로 나눌 필요 없음.

단점: 창업까지 시간과 비용이 들어감. 수익 창출을 위해 캐릭터 인지도가 있어야 함.

■ 편집숍 입점

장점: 사업에 대해 고려할 사항이 적음, 신생 캐릭터라도 진입 장벽이 낮음.

단점: 캐릭터 인지도가 높지 않으면 좋은 편집숍에 입점하기 어려움, 수수료가 높음.

✤ 온라인 플랫폼

캐릭터를 처음 만든 이들은 오프라인보다 온라인 판매처를 권장합니다. 캐릭터 굿즈를 제작부터 유통까지 하려면 시간과 비용이 많이 듭니다. 또한 처음 만든 캐릭터라면 대량으로 제작해서 판매하기는 어렵습니다. 캐릭터와 브랜드 인지도가 낮기 때문에 팔릴 확률이 그만큼 떨어지기 때문이죠. 수량을 많이 할수록 단가는 낮아지지만, 그만큼 비용 부담과 팔리지 않을지도 모른다는 불안감, 재고에 대한 리스크가 있습니다.

쉽게 접근할 수 있는 소량 굿즈 제작 플랫폼이 인기를 끌고 있습니다. 회원가입을 하고 내 그림을 등록하면 내 숍을 개설해주어 주문부터 배송까지 관리해줍니다. 다만 어느 정도 작품의 퀄리티는 있어야 합니다. 단점으로 수익률이 낮아지는 것을 들 수 있습니다.

하지만 온라인으로 판로를 개척하면 오픈 쇼핑몰, 스마트스토어, SNS 마켓 등에서 판매할 수 있습니다. 온라인 판매는 소비자들에게 바로 피드백을 받을 수 있은 장점이 있습니다. 무자본과 무점포여서 초기 비용이 안 듭니다. 내가 만든 캐릭터 작품만 있으면 티셔츠, 폰 케이스, 에코백, 머그컵 등 다양하게 만들어서 판매할 수 있습니다. 대신 물건을 미리 만들지 않고, 주문이 들어오면 소량으로 제작하는 POD(Print on demand) 방식으로 그때그때 만들어 배송하기 때문에 제작하고 배송하는 데 시간이 조금 걸리는 단점이 있습니다. 온라인 플랫폼에는 위드굿즈(withgoods.net), 마플샵(marpple.shop/kr), 구구다스(99das.com) 등이 있습니다. 직접 회원가입한 후 개설하면 됩니다.

캐릭터 그리기로 나를 만나다

나를 들여다보는 시간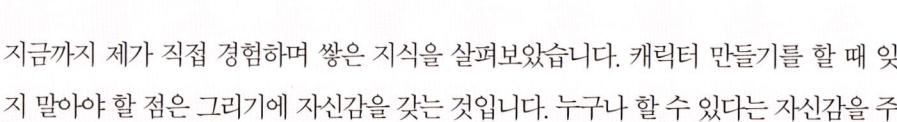

지금까지 제가 직접 경험하며 쌓은 지식을 살펴보았습니다. 캐릭터 만들기를 할 때 잊지 말아야 할 점은 그리기에 자신감을 갖는 것입니다. 누구나 할 수 있다는 자신감을 주려고 이 책을 쓰게 되었습니다.

캐릭터 그리기는 자신을 만나는 일입니다. 어떤 모습이든 자신이 투영되기 마련입니다. 나는 왜 여기에 있고, 내가 무엇을 좋아하고, 나는 왜 사는지, 잠시나마 들여다볼 수 있는 시간이며 나의 세계관과 가치관, 인생관을 만날 수 있는 여정이 됩니다.

힐링하고 싶다면 시간을 내어 여행 가는 것도 좋지만 드로잉북과 연필만 가지고 내가 좋아하는 소재를 그리는 것도 방법입니다. 모든 것을 잊고 싶을 때 그림을 그리면 자연스레 복잡한 머릿속이 정리됩니다. 내가 좋아하는 것들을 찾아 이야기를 풀어가다 보면 오롯이 나에게 집중할 수 있습니다. 그림을 그리다 보면 어느 순간 카타르시스를 느끼기도 합니다.

초창기엔 '내가 어떻게 그림을 그려?', '내가 캐릭터를 만들 수 있다고?' 하는 질문을 끊임없이 스스로에게 던졌습니다. 모든 일이 그렇듯이 캐릭터를 그리는 것도 하루아침에 되지는 않습니다. '천천히 꾸준히' 싫든 좋든, 어디를 가나, 하루 10분이라도 내가 좋아하는 소재를 찾아 나만의 이야기로 그림일기를 그리듯 일상을 그리는 것으로 시작하면 됩니다.

이를 확장해 캐릭터를 만들고, 홍보하고, 굿즈를 만들어 판매합니다. 이 모든 것이 그림을 그리면서 얻은 기쁨이자 행복입니다.

그림 그리기에 자신감을 가져요

기쁨과 행복을 찾고 싶고, 긍정적인 생각을 하고 싶다면 내가 좋아하는 소재를 꼭 찾아 나만의 이야기를 캐릭터에 입혀보세요. 그리고 꾸준히 그림을 그려 블로그나 SNS에 올려 알리세요. 어느 순간 사람들이 그림에 반응하고 좋아합니다. 흔히들 말하는 '무자본, 무점포'로 아이디어와 시간만 있으면 가능한 일입니다.

이 책을 읽고 나면 당신도 그림 그리기와 캐릭터 만들기에 자신감을 가질 수 있을 거예요. 누구나 그림을 그릴 수 있습니다. 저는 그림을 객관적으로 평가할 수 없다고 생각해요. 그림 그리기에 정답은 없습니다. 자신의 생각을 잘 표현한 그림이 가장 창의적이고, 잘 그린 그림입니다.

그림 그리기가 어렵고, 힘이 들어도 꾸준히 노력하며 그림 그리기에 대한 근력을 키우면, 어느 순간 별로 힘들이지 않고 슥슥 그리고 있는 자신을 발견할 것입니다.

나도 모르던 나를 만나는 나만의 그림 그리기를 통해 날마다 발전해나가는 자신을 볼 수 있으며, 인생 굿즈 캐릭터로 투잡까지 가능해집니다. 지금 시작해도 늦지 않습니다. 당신도 그릴 수 있습니다.

이 책에 미처 담지 못한 이야기는 블로그나 유튜브를 통해 꾸준히 공개할 예정입니다. 긍정과 행복을 주는 창작자로서 앞으로도 계속 여러분과 만날 것을 약속드립니다.

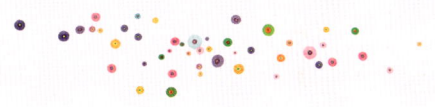

부록

1. 내 캐릭터와 어울리는 폰트 찾기

"내 캐릭터와 어울리는 폰트는 어디서 구할 수 있을까요?"

처음 그림을 그리는 사람들이 자주 하는 질문입니다. 폰트는 캐릭터를 만들고 빛나게 하는 조연급 시각 요소입니다. 손글씨를 쓰는 분들은 직접 써도 좋고, 상업적으로 무료로 쓸 수 있는 폰트도 있으니 찾아서 사용해도 되며, 마음에 드는 폰트가 있다면 직접 구매할 수도 있습니다.

캐릭터마다 어울리는 폰트가 있습니다. 나의 캐릭터 성격, 주제를 잘 대변할 수 있는 폰트를 골라야 합니다. 귀여운지, 유머러스한지, 발랄한지 등 캐릭터에 담긴 이야기와 목소리를 분석해 어울리는 폰트를 선택합니다.

시안용이나 개인용 작업물이라면 무료 폰트를 활용해도 무방합니다. 그러나 상업적으로 이용할 때는 비

배달의민족 연성체	서울한강체	배달의민족 도현체
배달의민족 주아체	스웨거체	롯데마트 드림체
배달의민족 한나체	야놀자야체	고양체
부산바다체	오성과한음체	포천 막걸리체
서울남산체	이순신 돋움체	KBIZ 한마음고딕체
이순신체	KBIZ 한마음명조체	푸딩체
남소영체	다빈체	스윗체

용을 내야 합니다. 개별 폰트마다 저작권이 다르니 서체 사용범위를 꼼꼼히 확인한 후 사용합니다. 아래는 내 캐릭터를 제작할 때 안심하고 사용할 수 있는 무료 폰트 사이트입니다.

• 눈누(https://noonnu.cc/index)

무료 한글 폰트를 한 번에 모아 볼 수 있는 사이트입니다. 전체 폰트 적용 부분에 글을 쓰면 해당 폰트가 적용된 결과를 보여줍니다. 고딕부터 명조, 손글씨 등 감성적인 느낌이 나는 폰트까지 다양합니다.

• 한글마을(www.koreafont.com)

무료와 유료 상관없이 찾을 수 있는 사이트입니다. 메인화면에서 폰트 검색을 누르면 원하는 폰트를 찾을 수 있습니다. 적용된 폰트가 무료인지 유료인지 꼭 확인하고 사용합니다.

• 어비폰트(uhbeefont.com)

상업적으로 용도를 바꿔도 무제한으로 사용할 수 있습니다. 100가지 이상의 손글씨체를 제공하고 있습니다. 감성적인 메시지를 전달하거나 캐릭터와 굿즈 제작에 잘 어울리는 서체를 서비스합니다.

• DaFont(DaFont)

영문 폰트 무료 사이트이며, 100% free라고 체크해놓은 것은 무료로 사용 가능합니다. 다폰트는 스타일별로 보기 쉽게 카테고리가 나뉘어져 다양한 스타일을 비교해볼 수 있는 장점이 있습니다. 대체로 무료이지만, 종종 유료 폰트도 있으므로 사용 전에 문제가 없는지 꼼꼼히 확인하고 써야 합니다.

2.자주쓰는단축키모음

단축키에 익숙해지면 작업 속도를 줄이는 데에 큰 도움이 됩니다. 윈도우용 Adobe 2020 버전 기준으로 정리했습니다. 버전이 다르거나 맥(Mac)일 경우 다소 차이가 있을 수 있습니다.

■ 포토샵 단축키

파일(File)	
새 파일	ctrl + N
불러오기	ctrl + O
파일 닫기	ctrl + W
저장하기	ctrl + S
다른 이름으로 저장	ctrl + shift + S
닫기	ctrl + Q
편집(Edlt)	
실행 취소	ctrl + Z
이전 단계로	ctrl + shift + Z
잘라내기	ctrl + X
복사	ctrl + C
붙여넣기	ctrl + V
이미지 채우기	shift + F5
자유 변형하기	ctrl + T
이미지(Image)	
레벨	ctrl + L
곡선	ctrl + M
색조/채도	ctrl + U
반전	ctrl + I
흑백이미지 전환	shift + ctrl + U
레이어(Layer)	
새로운 레이어 만들기	shift + ctrl + N

레이어 복제	ctrl + J
레이어 오리기	shift + ctrl + J
그룹 만들기	ctrl + G
그룹 해제	shift + ctrl + G
레이어 합치기	ctrl + E
보이는 레이어만 합치기	shift + ctrl + E
선택(Select)	
전체 선택	ctrl + A
전체 해제	ctrl + D
선택 영역 반전	shift + ctrl + I
정사각형/정원 형태로 선택	shift + 드래그
중심 기준으로 선택	Alt + 드래그
보기(View)	
이미지 확대	ctrl + +
이미지 축소	ctrl + −
화면 크기에 맞게 조정	ctrl + 0
100%로 보기	ctrl + alt + 0
표시자 표시/감추기	ctrl + H
눈금자 표시/감추기	ctrl + R
패널(Window)	
브러시 설정	F5
색상	F6
레이어	F7

■ 일러스트레이터 단축키

파일(File)	
새 파일 만들기	ctrl + N
열기	ctrl + O
닫기	ctrl + W

저장하기	ctrl + S
다른 이름으로 저장	ctrl + shift + S
닫기	ctrl + Q
편집(Edit)	
실행 취소	ctrl + Z
이전 단계 되돌리기	ctrl + shift + Z
잘라내기	ctrl + X
복사	ctrl + C
붙여넣기	ctrl + V
위에 붙여넣기	ctrl + F
뒤에 붙여넣기	shift + B
오브젝트(Object)	
작업(이동, 복사, 크기) 반복하기	ctrl + D
그룹	ctrl + G
그룹 해제	ctrl + shift + G
앞으로 기져오기	ctrl l]
뒤로 보내기	ctrl + [
맨 앞으로 가져오기	ctrl + shift +]
맨 뒤로 보내기	ctrl + shift + [
클리핑 마스크	ctrl + 7
클리핑 마스크 해제	ctrl + shift + 7
타입(Type) / 선택	
글자 아웃라인	ctrl + shift + O
전체 선택	ctrl + A
선택 영역 해제	ctrl + shift + A
선택 잠금	ctrl + 2
잠금 해제	ctrl + shift + 2
보기(View)	
아웃라인 보기/숨기기	ctrl + Y
화면 확대	ctrl + +
화면 축소	ctrl + −

실제 크기 표시	shift + 1
눈금자 보기/숨기기	ctrl + R
안내선 보기/숨기기	ctrl + ;
패널(Window)	
부러시	F5
레이어	F7
인포	shift + F8
그라디언트	ctrl + F9
텍스트	ctrl + T

3.굿즈 제작업체

주로 많이 만드는 굿즈별로 정리했습니다. 캐릭터 굿즈 제작할 때 참고하세요.

엽서, 명함, 달력(인쇄 지류)	
성원애드피아	www.swadpia.co.kr
인디고월드	www.indigoworld.co.kr
픽스토리	www.pixstory.co.kr/main/index.php
스냅스	www.snaps.com
프린트시티	www.printcity.co.kr
상상플러스	www.상상플러스.com
오프린트미	www.ohprint.me
프린트 매니아	www.print-mania.co.kr
와우프레스	www.wowpress.co.kr

캔버스아트	
해피프린트	www.happyprint.co.kr/main/main_real.asp
라프린트	www.laprint.co.kr/main/index.php
포토몬	www.photomon.com/index.asp
소다포토즈	www.sodaphotos.kr/shop

스티커	
애즈랜드	www.adsland.com
성원애드피아	www.swadpia.co.kr
레드프린팅	www.redprinting.co.kr
해피디토리	happydetory.com
더팬스	www.t-free.co.kr
라벨디자인	www.labeldesign.co.kr
상상플러스	www.상상플러스.com
아이코믹스	www.icomics.co.kr

떡메모지

후니프린팅	huniprinting.com
애즈랜드	www.adsland.com
성원애드피아	www.swadpia.co.kr
상상플러스	www.상상플러스.com
프린트시티	www.printcity.co.kr
디티피아	dtpia.co.kr

폰 케이스 주문 제작

마플	marpple.com
제이비아이디자인	www.jbi-design.com
와우박스	wow-box.co.kr
케이스바이미	caseby.me

테이프

오프린트미	www.ohprint.me
맞춤박스	www.mcbox.co.kr
이룸테이프	2ruumtape.com
애즈랜드	www.adsland.com
디테마테	www.detemate.co.kr

머그컵, 유리컵, 텀블러

상상스케치	www.sketch3323.com
베베시티	bebecity.com
위드굿즈	withgoods.net
휴먼비샵	www.humanb.co.kr
감성드림	gsdream.co.kr

에코백, 파우치, 담요(커스텀 디자인)

마플	www.marpple.com
케이디물산	kdms.co.kr
굿즈메이트	goodsmate.net

어반크레용	urbancrayon.co.kr
감성드림	gsdream.co.kr

핀버튼, 손거울

루아샵	www.ruashop.co.kr
유니크메이드	uniquemade.co.kr
더팬스	www.t-free.co.kr
하루팩토리	yesadsign.co.kr
애즈랜드	www.adsland.com

그립톡

레드프린팅	www.redprinting.co.kr
케이스마이케이스	www.casemycase.com
마플	www.marpple.com
동호아크릴	blog.naver.com/donghoac

안경 닦이

후니프린팅	www.huniprinting.com
로이프린팅	www.roiprinting.co.kr
레드프린팅	www.redprinting.co.kr
선물앤굿즈	blog.naver.com/only4me282

금속 배지

블링쿡	blingcook.com
판도라피아	www.pandora.kr
대명공예사	dmcraft.co.kr
만수금속	mansumetal.com
홍기금속	www.hongki.co.kr

스트랩 키링	
빔팩토리	blog.naver.com/beamfac/221291395447
올메이크팬시	blog.naver.com/allmakefancy1
더팬스	www.t-free.co.kr
힙트릿	smartstore.naver.com/hiptreet

마우스패드	
마플	www.marpple.com
굿즈메이트	www.goodsmate.net
상상스케치	www.sketch3323.com
디자인플러스유	dpyou.co.kr

티셔츠	
마플	www.marpple.com/kr
케이스바이미	caseby.me/apparel
소다포토즈	www.sodaphotos.kr/shop
프라이비티	smartstore.naver.com/worldwarehouse

봉투 및 패키지 구매	
헤림봉투	www.hrbongtoo.com
나이스팩	nicepack.co.kr
박스몰	www.boxmall.net
방산365	www.bangsan365.com
이안비닐포장	ianpojang.com

KI신서 9957

인생 굿즈의 탄생

1판 1쇄 인쇄 2021년 10월 27일
1판 1쇄 발행 2021년 11월 3일

지은이 최길수
펴낸이 김영곤
펴낸곳 (주)북이십일 21세기북스

출판사업본부 콘텐츠개발팀장 장인서
마케팅영업본부장 민안기
마케팅1팀 배상현 이보라 한경화 김신우
출판영업팀 김수현 이광호 최명열
제작팀 이영민 권경민
디자인 이창욱

출판등록 2000년 5월 6일 세406-2003-061호
주소 (10881) 경기도 파주시 회동길 201(문발동)
대표전화 031-955-2100 **팩스** 031-955-2151 **이메일** book21@book21.co.kr

(주)북이십일 경계를 허무는 콘텐츠 리더

21세기북스 채널에서 도서 정보와 다양한 영상자료, 이벤트를 만나세요!
페이스북 facebook.com/21cbooks **포스트** post.naver.com/21c_editors
인스타그램 instagram.com/jiinpill21 **홈페이지** www.book21.com
유튜브 youtube.com/book21pub

서울대 가지 않아도 들을 수 있는 명강의! 〈서가명강〉
네이버 오디오클립, 팟빵, 팟캐스트에서 '서가명강'을 검색해보세요!

ⓒ 최길수, 2021

ISBN 978-89-509-9789-2 13000